知識ゼロからのやきもの入門

暮らしのうつわ
花田 店主
松井信義 監修

幻冬舎

知識ゼロからの
やきもの入門

もくじ

料理がおいしい／食卓の器
—和のイメージで—……8
—洋のイメージで—……10
ほっこり落ち着く／お茶の器……12
味わい豊か／お酒の器……14
あたたかな手ざわり／陶器……16
キリリと清楚な／磁器……17
土そのものの味わい／焼締……18

1章 技のハーモニーが生む やきものの表情

—やきものの装飾—

やきものの魅力……20
染付／白地に藍のシンプルさで今も昔も人気……22
色絵／絵画のように華やか、あでやか……24
鉄絵／釉の下にやさしく、力強くにじみ出る……26
白磁／透きとおる美しさを世界があこがれもとめた……28
釉／植物や金属の釉は豊かな表情を紡ぎだす……30

粉引・刷毛目／白くコーティングしてやわらかな味わいに……34
象嵌・かき落とし／素地に直接装飾して表情をだす……36
練込／異なる土を練りあわせて器の寄せ木細工に……38
イッチン描き／クリームのように文様をデコレーションする……39
窯変／計算外の美しさが窯の中で生まれる……40
やきものの文様／器に描かれる古今東西のモチーフ……42
【ちょっと一息、やきものコラム】新しいのにもうヒビが？ ――大丈夫、「貫入」です……46

2章 心ときめくやきものを探しに
――やきものの産地――

全国やきもの産地マップ……48
有田焼／日本の磁器の代表選手は端正な形と玉の肌をもつ……50
唐津焼／朝鮮半島の陶工が土の味わい豊かな陶器を完成……54
小鹿田焼／独特な伝統技法が民藝運動に見いだされた……56
萩焼／色も手ざわりもまろやか。変化を楽しんで……58
備前焼／窯の炎で七変化。重厚な存在感をはなつ……60
京焼／文化の中心で端正、華麗なやきものがはぐくまれる……62

信楽焼／ざらざらした土肌に「わび」のたたずまいが漂う……64
伊賀焼／豪快、アシンメトリーな造形を茶人が好んだ……66
瀬戸焼／「せともの」の産地は一〇〇〇年の歴史を誇る……68
常滑焼／急須で有名。中世から日用器をつくり続ける……70
美濃焼／黄瀬戸、瀬戸黒、志野、織部。豪放な桃山文化の顔となる…72
九谷焼／絢爛豪華な磁器は百万石の富を象徴する……76
益子焼／素朴、モダンな生活陶器に「用の美」の心が息づく……80
笠間焼／関東最古の窯場には伝統も革新もある……82
全国の陶器市／掘りだしものを見つけよう……84
【ちょっと一息、やきものコラム】やきもの産地相関図……86

3章 やきもの史に輝く作家たち
――日本のやきもののなりたち――

古田織部／アート・ディレクターとしてやきもの界に革命を起こす……88
本阿弥光悦／マルチな才能で豪快さと王朝美を自由に表現した……90
野々村仁清／華麗な色絵とたくみな成形が京焼の手本となる……92
尾形乾山／琳派の洗練された作風が都の町衆を喜ばせる……94
茶の湯とやきもの……96

初代 酒井田柿右衛門／色絵磁器の焼成に日本ではじめて成功した……98
十二代 今泉今右衛門／色鍋島の最高の技術をよみがえらせる……100
北大路魯山人／食と器の最高のハーモニーを追いもとめる……102
河井寛次郎／釉の達人が生活の器の美にめざめた……104
濱田庄司／益子に根ざした作陶活動から名作を生みだす……105
民藝運動とやきもの……106
やきもの歴史年表……108
【ちょっと一息、やきものコラム】「骨董」ってなんだろう……112

4章 こっそり聞きたい初歩の初歩の疑問
――やきものの基本知識――

Q いい器はどこで見つかるの？……114
Q 益子で焼けばなんでも「益子焼」？……116
Q 「作家もの」って？ ほかの器と何がちがう？……117
Q 器の名前が複雑でよくわからない……118
器の部分の呼び方……120
Q どんなところに注目するといいの？……122
Q 値段が高いほどいい器、といえる？……123

Q　陶器と磁器はどうやって見わけるの？……124
Q　そもそも「やきもの」って？……126
やきものができるまで……128
登窯のしくみ……132
【ちょっと一息、やきものコラム】陶芸に挑戦してみたい……134

5章 楽しく選んで、長くつきあう

――やきものの選び方、使い方――

器の形と名前／日本の器のバラエティは世界一……136
選び方／選ぶことは自分を知ること。自由に好きなものを……140
使う前に／ひと手間でぐっと長もち、おいしさアップ……142
洗い方・しまい方／やさしく手洗い、よく乾かして収納する……144
手入れ・修理／軽傷は自分で。「金継ぎ」という手もある……146
全国の美術館／名品に会いに出かけよう……148
おわりに……152
さくいん……157

写真協力……158
参考文献……159

【やきものこぼれ話】

量産を可能にした吹墨と印判……23
やきものの色は金属製……32
静岡生まれじゃなくても三島……37
酸素の量で表情が変わる……41
「伊万里焼」を焼き続ける大川内山……53
唐津焼の陰の功労者は秀吉？……55
英国じこみの「用の美」……57
一樂、二萩、三唐津……59
篭城戦に欠かせなかった備前焼……61
京都で生まれた名工たち……63
信楽とタヌキの熱い関係……65
知っておきたい「六古窯」……71
瀬戸焼だと思われていた志野……73
古九谷の50年の輝きの謎……79
庄司を魅了した山水土瓶……81
城や国より高い「名物」……89
やきものの「銘」って何？……91
仁清の茶器は姫様好み……93
日本の美術工芸を代表する「琳派」……95
オランダ人に鍛えられた技術……99
リサイクルから生まれた名作……103
割れば明快！ 陶器と磁器……125
「皿」と「鉢」のちがいって？……137

本書で使っている用語の意味

陶工《とうこう》……陶磁器《とうじき》をつくる作家、職人
作陶《さくとう》……陶磁器をつくること
成形《せいけい》……陶磁器を形づくること
陶土《とうど》……陶磁器の原料になる粘土。磁器の原料は陶石《とうせき》ともいう
素地《きじ》……陶磁器の表面。または釉をかける前の陶磁器の表面
釉《うわぐすり》………釉薬《ゆうやく》、釉《ゆう》などともいう。素焼した陶磁器の表面にかける。施釉《せゆう》は釉をかけること
絵付《えつけ》……陶磁器に文様などを描くこと。下絵付《したえつけ》、上絵付《うわえつけ》がある
焼成《しょうせい》……陶磁器を焼くこと。素焼《すやき》、本焼《ほんやき》、上焼《うわやき》がある
窯場《かまば》……陶磁器の産地
茶人……茶の湯をたしなむ人
茶陶《ちゃとう》……茶の湯で用いる陶磁器。茶入《ちゃいれ》、茶碗《ちゃわん》、茶壺《ちゃつぼ》など
茶器《ちゃき》……茶の湯で用いる道具
日用器…庶民が日常用いる器。壺《つぼ》、甕《かめ》、すり鉢《ばち》など
唐物《からもの》……中国から輸入された陶磁器
高麗物《こうらいもの》‥朝鮮半島から輸入された陶磁器
和物《わもの》……日本でつくられた日本風の陶磁器

料理が
おいしい

食卓の器

― 和のイメージで ―

「器《うつわ》で食べる」という言葉があるように、
いい器は味わいを増し、暮らしを豊かにする。
一日一食でもいい。お気に入りの器に
好きな料理を盛り、食卓を囲もう。

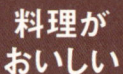

右奥から時計まわりに　黒ゴス花水木４寸皿　九谷青窯（下）刷毛目５寸皿　吉田学／灰釉八角鉢　雪ノ浦裕一／ゴス錆麦藁箸置　青山窯／長角皿黒釉銀彩麦藁　村井信幸／灰釉豆皿３点、灰釉湯呑　雪ノ浦裕一

料理がおいしい

食卓の器

— 洋のイメージで —

各国の料理をたくみにアレンジしてきた日本人。
食卓にならぶ器《うつわ》へのこだわり、バラエティも世界一。
和食器には、柔軟な日本人と同じように
煮魚もステーキも受けとめる包容力がある。

右手前から時計まわりに　粉引ショコラカップ＆ソーサー　春秋窯／黄灰釉四角皿　小川博久／青白磁リム一本線７寸深皿　陶房独歩炎（下）青白磁重ね文皿　松本良夫／白磁イッチン角蓋物　山口利枝／ジャムポット小鉢うすルリ、ジャムポット小鉢青磁　海野裕／白磁五弁輪花５寸鉢　鈴木重孝（上）真鍮デザートスプーン　原口潔／銀ちらし碗　花田

ほっこり
落ち着く

お茶の器

なんでもいい。ひとつ選んで、じっくり使いこむ。
それがやきものの世界に触れる第一歩。
はじめての器《うつわ》には、折々をともにする
湯呑《ゆのみ》やマグカップが最適かもしれない。

左奥から時計まわりに　炭火シュガーポット　雪ノ浦裕一／黄粉引土瓶　工藤和彦（下）炭化四方皿　雪ノ浦裕一／灰釉丸長急須　杉本寿樹／染付コーヒーカップ＆ソーサー　イム・サエム／刻文スプーン置　イム・サエム／粉引湯呑　小山乃文彦／粉引しのぎ小湯呑　安江潔

味わい
豊か

お酒の器

高い酒ではないのに、きょうの味は格別。
きっとそれは、お気に入りの酒器だから。
旅先で、とっておきの記念日に、
ひとつずつ猪口《ちょこ》を買いたしていくのも一興。

左手前から時計まわりに　花びら箸置　風窯／しのぎフリーカップ　岡田直人／焼酎カップ萌黄　大覚寺窯／ルリ切立盃２点　春秋窯／白磁五角徳利　庄村久喜／白磁盃　館林賞明／デルフトカップ３点　岡田直人／染付ミツ小花箸置　長谷川由香

あたたかな手ざわり

陶器【とうき】

「土もの」ともいわれる陶器。
土や釉《うわぐすり》が豊かなハーモニーを奏でる。
水を通すため、少々気を遣うが
それがやさしい味わいのもとでもある。
（→P.124、127）

手前から　粉引亀甲小付２点　安江潔／粉引鋸目４寸鉢　野歩陶房／片手土鍋　伊賀土楽

キリリと清楚な

磁器【じき】

陶《とう》石《せき》がおもな材料の磁器は、
ガラスのような透明感がもち味。
水分を通さず、丈夫で扱いも楽だ。
現代の食卓の主役である。

（→P.124、127）

手前から　色絵線香花火そば猪口２点　曽宇窯／コバルト点文楕円皿　陶房ななかまど／染付コスモス皿　ほたる窯／コバルト点文楕円小鉢　陶房ななかまど（下）染付楕円皿　ほたる窯

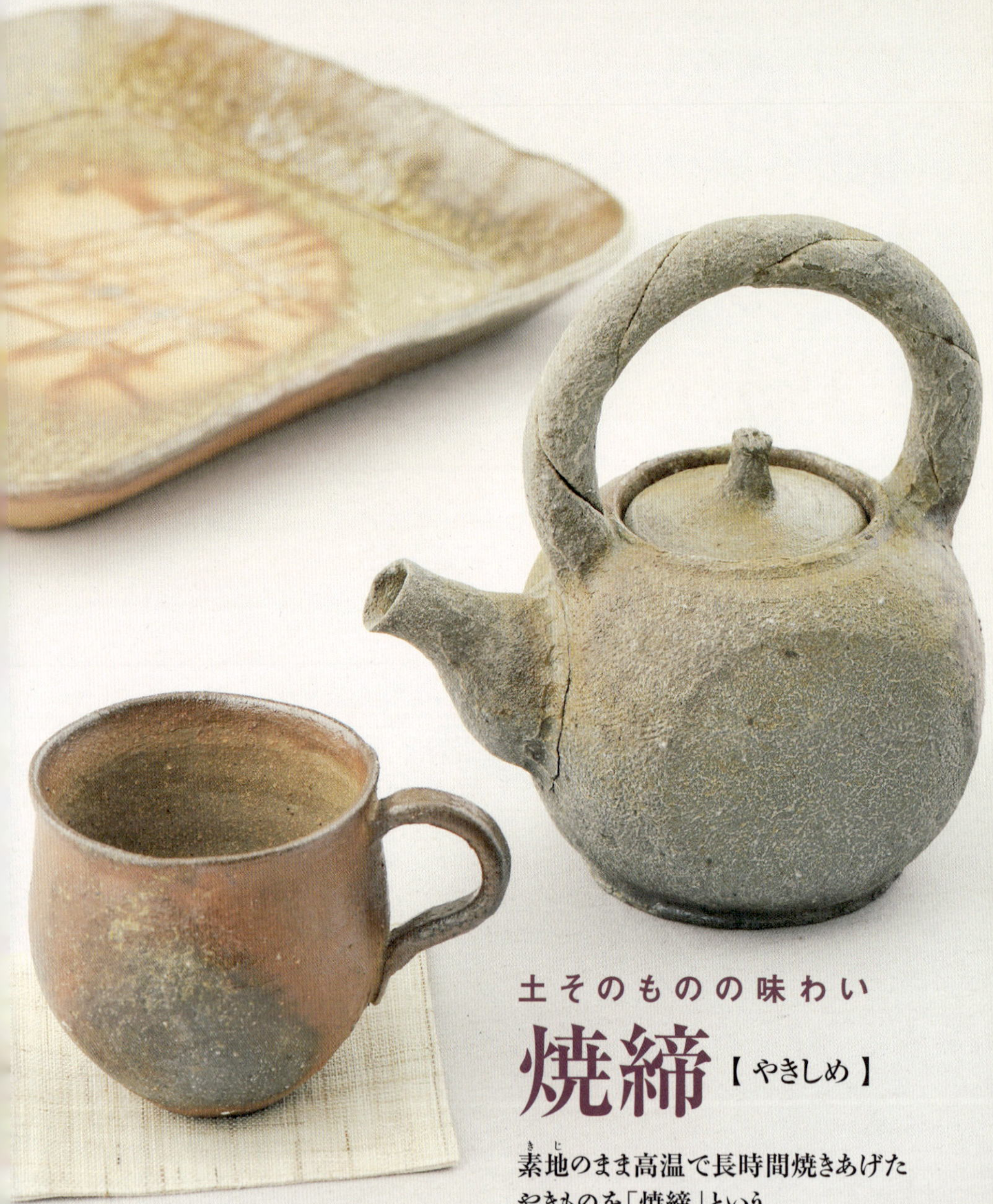

土そのものの味わい

焼締【やきしめ】

素地《きじ》のまま高温で長時間焼きあげた
やきものを「焼締」という。
備前《びぜん》や信楽《しがらき》のものが有名。
焼締で飲むお茶やお酒の味は格別だ。

(→P.127)

手前から　焼締ひねりマグカップ、焼締ひねり土瓶、焼締額皿　すべて久窯

1章

技のハーモニーが生む やきものの表情

―― やきものの装飾 ――

やきもののいいところは、手にとって使って楽しめるところ。
この美しさ、輝き、ぬくもりはどのようにして生まれたのか。
装飾の技法がつくりだすやきものの表情を楽しんでみたい。

＊各項目の「伝統的な産地」は、美術品や産地の伝統的なやきものを見るときの手がかりとして、国内の産地の代表例を載せたものです。多様化した現代のやきものの実態とは、一致しない場合があります。

やきものの魅力

やきものは、手にとり、ときには口をつけて使う、
暮らしにもっとも身近な工芸品。
「食べ物をおいしく味わいたい」という、人間の
根源的な欲求が、やきもの文化を発展させてきた。

見て、触れて、使って感じる美しさ

いい器《うつわ》、心がおどる器は、見た目と手ざわり、口あたりのここちよさ、使いやすさが共存しているもの。土の個性を知り、装飾を加え、窯《かま》や薪《たきぎ》の材料で焼き方を工夫することで、さまざまな美しいやきものが誕生する

やきものの表情を生む技法

器に文様を描く

絵《え》付《つけ》〔→P.22～27〕

本焼の前、釉《うわぐすり》の下に描く下絵付《したえつけ》と、本焼《ほんやき》後に絵付をする上絵付《うわえつけ》がある。単色使いの染付《そめつけ》は下絵付、多色使いの色絵《いろえ》は上絵付

ガラス質の膜《まく》でおおう

釉《うわぐすり》〔→P.30～33〕

釉《ゆう》、釉薬《ゆうやく》ともいう。表面にかけて強度や光沢《こうたく》を与える釉は、成分により、さまざまな色や質感になる。複数の釉をかけ分けるときもある

化粧したり刻んだり

素地《きじ》の加工〔→P.34～37〕

成形《せいけい》したら生乾きのうちに、素地を直接加工。変形させたり、ちがう色の土を化粧がけしたり、文様を刻んだりする

このほか、窯で起きる窯変《ようへん》（→P.40）や貫入《かんにゅう》（→P.46）などもやきものの表情をつくる。やきものづくりの工程については、P.128～131へ

染付《そめつけ》

白地に藍のシンプルさで今も昔も人気

白い素地《きじ》に藍色《あい》で絵付《えつけ》をした染付は、和洋どちらの料理にもあわせやすい、万能の器《うつわ》。

中国の宋《そう》の時代に誕生。明《みん》の時代に大量に制作されるようになり、世界中で人気を博した。日本では、17世紀の有田《ありた》焼が最初だ。

伝統的な産地

有田/九谷《くたに》
瀬戸《せと》/京《きょう》
砥部《とべ》（愛媛県）
など

染付

下絵付《したえつけ》（→P.130）の一種。素焼《すやき》した素地に呉須《ごす》（コバルトをふくむ絵具）で絵付をして、透明釉《とうめいゆう》をかけて焼く

シンプルだが奥の深い染付。ワンポイント、全面柄《がら》、江戸風、西洋風など、雰囲気もさまざま

左上から時計まわりに　そば猪口カニ文　阿部春弥／そば猪口市松文　海野裕／そば猪口印判桜文　藤塚光男／ベネチア唐草文長角皿　林京子／芙蓉手花鳥文５寸向付　岩永浩

伝統的な唐草《からくさ》文様を西洋風にアレンジしている

唐草文８寸皿　岩永浩

やきもの
こぼれ話

量産を可能にした吹墨《ふきずみ》と印判《いんばん》

陶磁器《とうじき》の産地として有名な中国の景徳鎮《けいとくちん》窯《よう》は、染付の人気が高まってきたため、合理的な技法を開発した。型紙を置いて絵具をふりかけたり（吹墨）、版で文様を転写したりする（印判）と、同じ文様の器を量産できる。現代にも受けつがれている技法だ。

金網を使って絵具をふりかける吹墨技法の器
吹墨薬味皿　ほたる窯

色絵《いろえ》

絵画のように華やか、あでやか

食卓の華になる多色使いの器《うつわ》。あざやかな色は、本焼《ほんやき》（→P.131）した上に絵付《えつけ》をし、低温で焼き付けて出す。

1640年代、初代酒井田柿右衛門《さかいだかきえもん》（→P.98）が明《みん》の色絵技術をマスター。その後、有田《ありた》や九谷《くたに》などで色絵磁器《じき》がさかんに焼かれた。

色絵

釉《うわぐすり》をかけて本焼した器に、赤、黄、緑、青、紫（＝五彩《ごさい》）などで絵付をする（上絵付《うわえつけ》）。絵具の原料は珪石《けいせき》や金属。「赤絵《あかえ》」ともいう

エキゾチックな文様は、染付《そめつけ》（→P.22）で下絵を描いて本焼した上に色を重ねたもの

豆彩花弁文５寸皿　須谷窯

伝統的な産地

九谷/有田
瀬戸《せと》/京《きょう》
など

伝統をふまえた柄ながらモダン。食卓が楽しくなる
上から　色絵金彩イスラム文猪口２点　岡本修／色絵丸文角皿　須谷窯

金彩《きんさい》・銀彩《ぎんさい》

金や銀の絵具でほどこす繊細な装飾。色絵を焼き付けた上に描くことが多い。色絵＋金彩を「金襴手《きんらんで》」ということもある

鉄絵 —てつえ—

伝統的な産地
唐津《からつ》/美濃《みの》
など

釉の下にやさしく、力強くにじみ出る

言葉は耳慣れないが、それとわかるとファンになる。鉄絵は、そんな技法のひとつかもしれない。

鉄分《てつぶん》の多い絵具は、高温で本焼すると、茶褐色《ちゃかっしょく》や黒に発色する。絵唐津《えからつ》（↓P.55）や青織部《あおおりべ》（↓P.89）に名品が多い。

コゲ
鬼板《おにいた》（鉄絵具の一種）で彩色して茶色の文様になったもの

鉄絵

ベンガラ（酸化第二鉄）、鬼板など、鉄分を多くふくむ絵具で絵付けする朝鮮伝来の下絵付《したえつけ》の技法。にじんだ感じで発色する。「銹絵《さびえ》」ともいう

白地の上の鉄絵があたたかい雰囲気
鉄絵花文飯碗　九谷青窯

鉄の茶色は磁器《じき》にも陶器《とうき》にも深い味わいをかもしだす。黄瀬戸《きぜと》の緑色は「タンパン」という銅絵具によるもの
黄瀬戸縄目８寸平鉢　安達和治
／錆ひさご文丸皿　須谷窯

白磁《はくじ》

透きとおる美しさを世界があこがれもとめた

白い器《うつわ》のなかでも、透明感のある白磁は、古今東西で人気が高い。洋食器のイメージが強いが、ヨーロッパでの生産は18世紀以降。それまで生産の中心地は中国だった。日本では、17世紀に「カオリン」が発見され、和製の磁器《じき》が誕生した。

伝統的な産地

有田《ありた》/瀬戸《せと》
出石《いずし》(兵庫県)
砥部《とべ》(愛媛県)
など

土や釉によって色も風合いも多様

右奥から時計まわりに　白磁カップ　松本良夫／白磁しのぎフリーカップ　坂本達哉／白磁五角徳利　庄村久喜／白磁ひまわり小皿　庄村久喜（下）白磁６寸輪花皿　庄村久喜／黄白磁五弁輪花５寸鉢　鈴木重孝／黄白磁ナイフ・フォークピロー　鈴木重孝／白磁八角皿　ほたる窯（下）白磁渕しのぎ８寸皿　水野克俊／白磁捻り小鉢　海野裕／白磁面取切立盃２点　水野克俊／白磁面取鉢　阿部春弥／白磁マグカップ　大沢和義

白磁

無地の白色磁器。カオリンという白い粘土が主原料の白色の素地《きじ》に、透明釉《とうめいゆう》をかけ高温で焼く。釉《うわぐすり》の青みの強い青白磁《せいはくじ》も白磁の一種

釉の鉄分《てつぶん》が少ないと白磁、多いと青磁《せいじ》に。さらに増すと、鉄分が還元しきれなくなり、黄色や褐色《かっしょく》になる

左から　青磁皿　加藤泰一／白磁刷毛塗端反皿　庄村久喜

―うわぐすり―

釉

植物や金属の釉は豊かな表情を紡ぎだす

器《うつわ》の表面をおおう釉は、焼成《しょうせい》時の薪《たきぎ》にした植物の灰が降りかかった部分に、緑色のガラス質の膜《まく》ができていたことから発見された。汚れや水漏《も》れをふせぎ、強度を増す。

成分の配合や焼き方で、表情は千差万別。これぞやきものの醍醐味《だいごみ》だ。

灰釉《かいゆう》

植物の灰と素地《きじ》の中にふくまれる珪酸《けいさん》からできる自然釉を、人工的につくったもの。藁灰《わらばい》は白濁色で陶器《とうき》に、柞《いす》の樹皮の灰は透明で磁器《じき》に向く

青緑色は、ビードロ釉と呼ばれる灰釉

灰釉豆皿２点　雪ノ浦裕一

伝統的な産地

〈灰釉〉瀬戸《せと》／笠間《かさま》 など

〈鉄釉〉益子《ましこ》／美濃《みの》 など

〈織部釉《おりべゆう》〉美濃 など

〈辰砂釉《しんしゃゆう》〉京《きょう》／有田《ありた》 など

〈ルリ釉〉有田 など

鉄釉《てつゆう》

鉄分《てつぶん》が発色源の釉。鉄分量や焼き方で、黄色～褐色《かっしょく》、黒など、さまざまに発色する。柿釉《かきゆう》、飴釉《あめゆう》、天目釉《てんもくゆう》はそれぞれ鉄釉の一種。還元炎焼成《かんげんえんしょうせい》（→P.41）だと、青系の色になる

鉄釉の器。鉄分が多いとマットな質感になる

上から　鉄釉注器　春秋窯／鉄釉４寸皿、鉄釉楕円皿　松本良夫

織部釉《おりべゆう》

銅を酸化炎焼成《さんかえんしょうせい》（→P.41）して生まれる緑の釉。古田織部《ふるたおりべ》（→P.88）がプロデュースした美濃《みの》の織部焼で多用されたため、この名がついた

力強い緑が印象的な織部釉の器

手前から　二彩織部８寸皿　吉田学／織部中鉢、織部徳利　安達和治

裏の釉のかかり方も見どころ（右上の二彩織部８寸皿）

やきもの こぼれ話

やきものの色は金属製

1200度以上で焼かれるやきものの装飾には、絵具も釉《うわぐすり》も、基本的に高温に耐えられる金属しか使えない。青緑色の自然釉も、植物の灰の中の鉄分《てつぶん》などが発色したものだ。

焼き方によって、発色は異なる（→P.41・酸素の量で表情が変わる）。

金属	生まれる色の例	
鉄	黄/赤/褐色/黒	青/緑
銅	緑/青緑	赤
コバルト	ルリ	桃

辰砂釉《しんしゃゆう》

銅を還元《かんげん》炎《えん》焼成《しょうせい》（→P.41）してできる赤色の釉。磁器《じき》に使われる。辰砂《しんしゃ》という顔料《がんりょう》に色が似ているので、こう呼ばれる

辰砂釉はあざやかだが落ち着いた赤

辰砂石瓶　加藤泰一

ルリ釉

磁器にほどこされるルリ色（青色）の釉。酸化コバルトが発色の源。日本では有田《ありた》で最初に使われた

透明感がきわだつルリ釉。「うすルリ」は染付《そめつけ》で彩色して透明釉をかけたもの

左から　ジャムポット小鉢うすルリ、ジャムポット小鉢ルリ
２点とも海野裕

粉引・刷毛目

―こひき・はけめ―

白くコーティングしてやわらかな味わいに

粉引

赤や黒の素地に白い土を浸しがけして（「化粧土《けしょうど》」という）から透明釉をかけて焼く技法。粉が吹いたような外見から、「粉引」または「粉吹《こふき》」と呼ばれる

白くてほどよいぬくもりのある粉引や刷毛目は、初心者から目利《めき》きまでとり入れやすい器《うつわ》の代表だろう。

朝鮮半島から入った技法で、高価な白磁に似せて、素地《きじ》に白い土をかけたのがはじまり。刷毛で塗るのが刷毛目、浸《ひた》しがけしたのが粉引だ。

伝統的な産地

〈粉引〉萩《はぎ》 など
〈刷毛目〉唐津《からつ》/小鹿田《おんた》 など

白磁《はくじ》とは異なるやさしい質感。釉がいきとどかない部分（火間）も見どころ

手前から時計まわりに　粉吹しのぎ飯碗２点　安江潔（下）粉引石目浅鉢　花岡隆／粉引鋸目４寸鉢２点　野歩陶房

刷毛目

藁《わら》を束ねてつくった刷毛などで白い化粧土をほどこす。刷毛目の濃淡やかすれ具合が味になる

素地の土色に大胆な白い刷毛目が映える

刷毛目５寸皿　吉田学

象嵌・かき落とし

―ぞうがん・かきおとし―

素地に直接装飾して表情をだす

象嵌もかき落としも、化粧土《けしょうど》を使う技法。成形《せいけい》した素地《きじ》に直接加工する。もとは白い土を用いた。

朝鮮半島では白土を駆使《くし》する技法が発達した。これは、朝鮮半島の人々の間で高価な白磁へのあこがれが、特に強かったためだといわれる。

伝統的な産地

〈象嵌〉八代《やつしろ》（熊本県）
〈かき落とし〉美濃《みの》〈鼠志野《ねずみしの》〉
丹波《たんば》（兵庫県）
など

象嵌

成形した素地が生乾きのうちに文様を刻み、白などの色のちがう土を埋《う》めこむ技法。文様は釘やヘラのほか、縄《なわ》を押し付けて刻む場合もある

刻んだ文様にクリーム色の土を埋めこんでいる
線文象嵌急須　小滝正治

かき落とし

全体に白などの化粧土をかけてから文様を描き、文様以外の化粧土をかき落とす技法。色のついた釉《うわぐすり》を使う場合もある

白い素地にモスグリーンの釉が気品を生む

かき落とし花文　臼田治子

やきもの
こぼれ話

静岡生まれじゃなくても三島《みしま》

粉引《こひき》、刷毛目《はけめ》、象嵌、かき落としは、「三島」と呼ばれる李朝《りちょう》初期*の技法だ。茶碗《ちゃわん》の文様が静岡の三島大社《みしまたいしゃ》の暦の文字に似ていたため、数奇者《すきしゃ》*の茶人が「三島」と命名したといわれる。朝鮮半島で庶民の器《うつわ》だった三島は、日本では茶人たちに珍重された。

近年は、右のような、連続文様に白土を象嵌したグレーのものをいう場合が多い。

＊李朝初期＝李子朝鮮王朝（1392 ～ 1910）の初期150年ぐらい
数奇者＝茶の湯をたしなむ風流人

型押しと線文で文様を描いた三島の皿

三島手丸皿　椿窯

練込《ねりこみ》

異なる土を練りあわせて器の寄せ木細工に

練込

2種類以上の色土を重ねたり練ったりして縞《しま》や市松《いちまつ》（格子《こうし》）などの文様を生む。「練上《ねりあげ》」「鶉《うずら》」ともいう

伝統的な産地

美濃《みの》〈練込志野《ねりこみしの》〉など

微妙に変化した線がおもしろい
練込湯呑　臼田治子

寄せ木のように土そのものをあわせる技法が「練込」。異なる土をあわせた素地《きじ》には、少しの力加減で文様のズレが生じる。絵付《えつけ》とも刻んだ文様ともちがう、繊細な魅力だ。

●角皿のつくり方の例

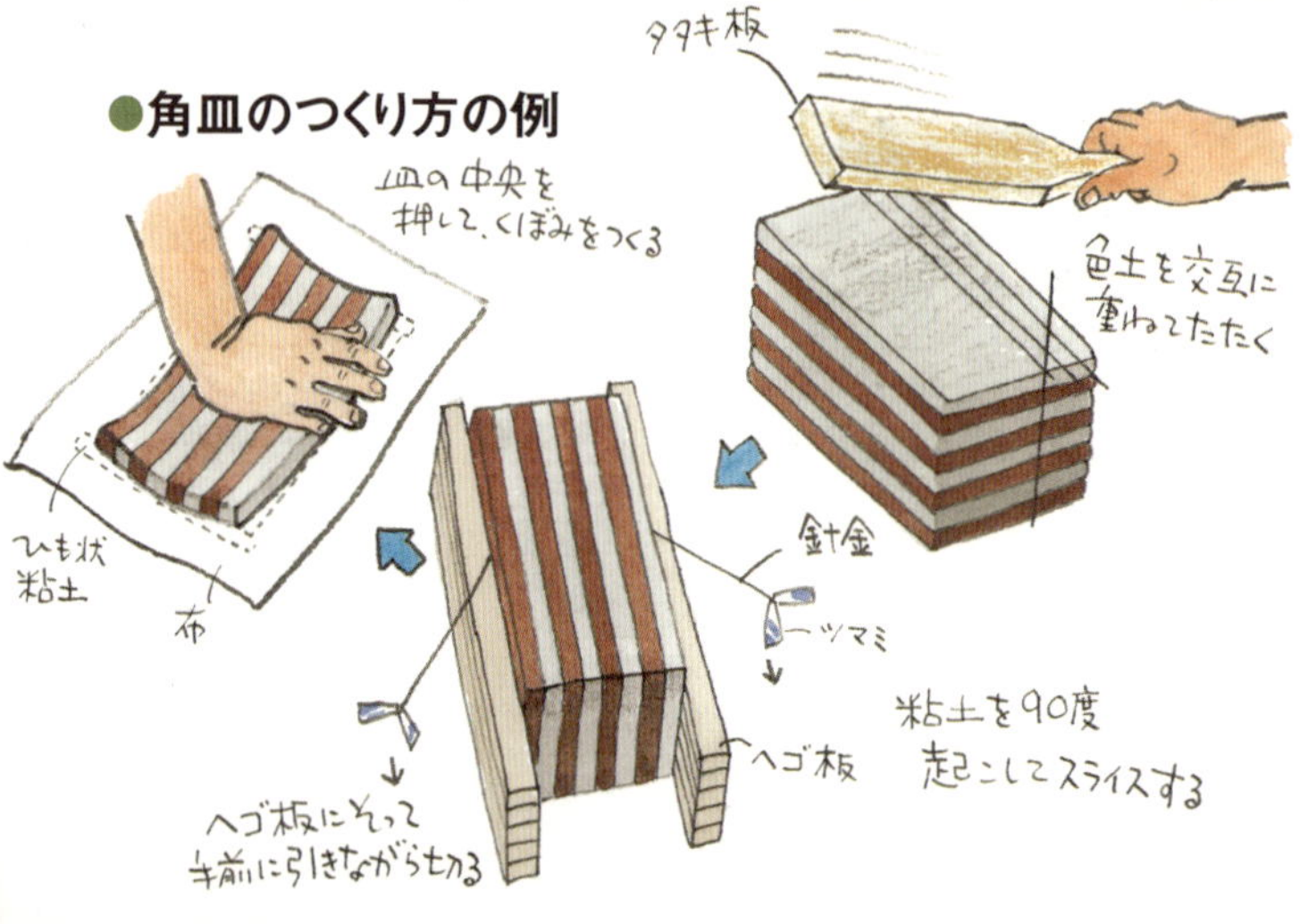
タタキ板
色土を交互に重ねてたたく
針金
ツマミ
粘土を90度起こしてスライスする
ヘゴ板
ヘゴ板にそって手前に引きながら切る
皿の中央を押して、くぼみをつくる
ひも状粘土
布

イッチン描き

―いっちんがき―

クリームのように文様をデコレーションする

布の染色《せんしょく》に使う道具のイッチンを用いた技法がイッチン描き。ケーキのデコレーションのようにしぼりだして、盛りあがった文様を描く。染色や古九谷《こくたに》（→P.78）の絵付にもかかわった画家、久隅守景《くすみもりかげ》の号*の一陳斎《いっちんさい》が名前の由来だという説も。

*号＝本名以外につける風流な名前

伝統的な産地

小鹿田《おんた》
小石原《こいしわら》（福岡県）
丹波《たんば》（兵庫県）
など

クリームのような盛りあがりがユニーク

上から　イッチン麻の葉急須、イッチン渦巻７寸皿　２点とも北野降康

イッチン描き

和紙の袋の先に口金《くちがね》を付けた道具（イッチン）やスポイトに、化粧土や釉《うわぐすり》を入れて文様を描く技法。「筒《つつ》描き」「しぼり描き」ともいう

窯変

―ようへん―

計算外の美しさが窯の中で生まれる

灰に埋《う》もれたり何かにさえぎられたりして炎があたらず、予想外の色に……。窯変は窯《かま》の中の偶然のドラマ。昔から茶人に愛《め》でられてきた。

現代では、作家が長年の知恵である程度予想をたて、窯詰《かまづ》めや焼き方に工夫を凝《こ》らすことが多い。

伝統的な産地

備前《びぜん》/信楽《しがらき》
越前《えちぜん》（福井県）
など

御本《ごほん》

釉に小さな穴があるところなどが、まわりとちがう色に焼きあがる

窯変

焼成中、炎や灰による化学作用で、素地《きじ》や釉《うわぐすり》の色調が変化すること。灰がかかった胡麻《ごま》、藁《わら》のあとが残った火だすきなど。焼締《やきしめ》の器《うつわ》（→P.18、60）によく見られる

炎が直接あたらなかった部分が黒やグレーになる「桟切《さんぎり》」のあるぐい呑《のみ》

やきもの
こぼれ話

酸素の量で表情が変わる

やきものの焼き方には、酸素をたっぷり送りこむ酸化炎焼成《さんかえんしょうせい》と、酸欠ぎみに焼く還元炎焼成《かんげんえんしょうせい》がある。土の中の鉄分は、酸化炎焼成では赤や黄に、還元炎焼成だと不完全燃焼して青やグレーになる。

焼くときは、通風をよくしたり窯の口を閉じたりして酸素量を調整する。炎の質がやきものの顔を大きく左右するのだ。

火だすき
火だすきは、もとは器どうしがくっつかないよう間にはさんだ藁のあと

窯変は焼締の器の大きな見どころ

左から　焼締額皿
久窯／粉引小皿２点
雪ノ浦裕一

やきものの文様

―― 器《うつわ》に描かれる古今東西のモチーフ ――

時代を超えて使われるもの、
伝統文様を現代風にアレンジしたもの……。
文様は、やきもの鑑賞の大きな楽しみ。
もとをたどると、ペルシャや中国などから
伝わってきたものも多い。

幾何学文様

―きかがくもんよう―

市松《いちまつ》 市松(格子《こうし》)の中にも市松がある

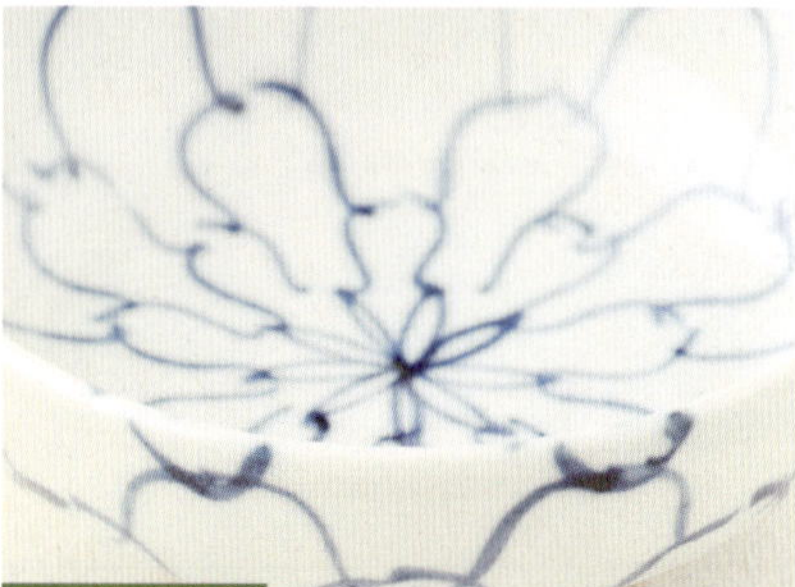

網目《あみめ》 魚や鳥をとる網をかたどったもの

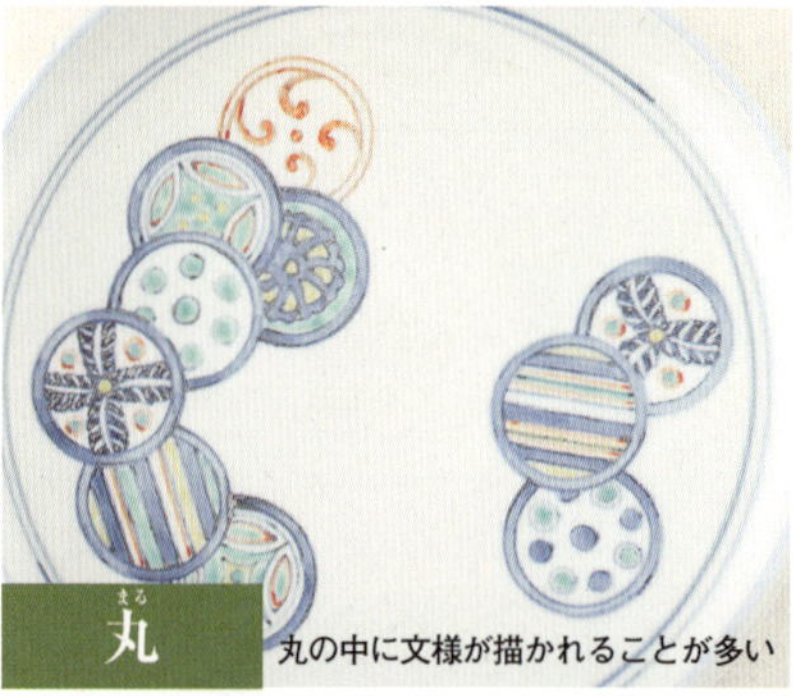

丸《まる》 丸の中に文様が描かれることが多い

コマ 玩具のコマのような横縞

祥瑞手《しょんずいで》 中国の景徳鎮窯《けいとくちんよう》由来の文様

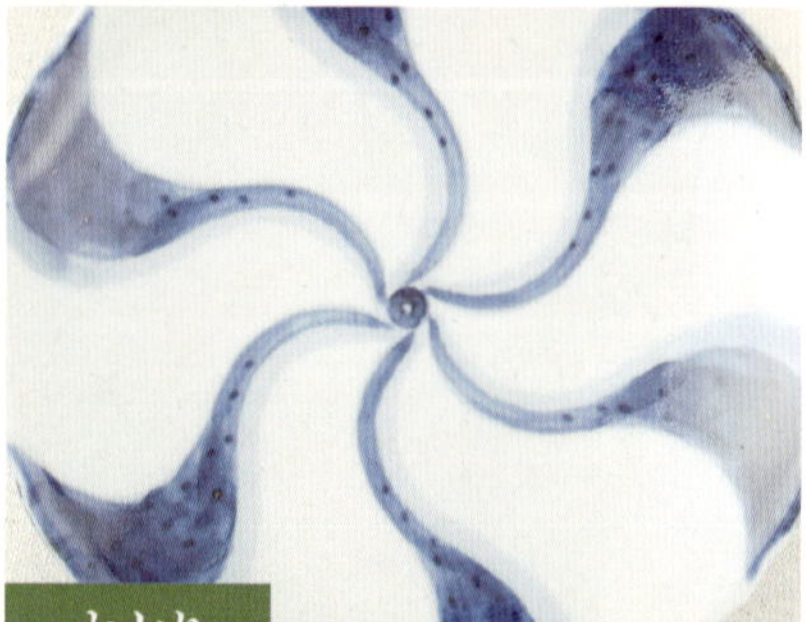

ねじり 中心から縁に広がる

幾何学文様

麦藁手《むぎわらで》 麦藁のような縦縞の文様。江戸時代の瀬戸焼によく見られる

亀甲《きっこう》 亀《かめ》の甲羅《こうら》に似た六角形の文様

矢羽根《やばね》 矢の上につける鷹などの羽根

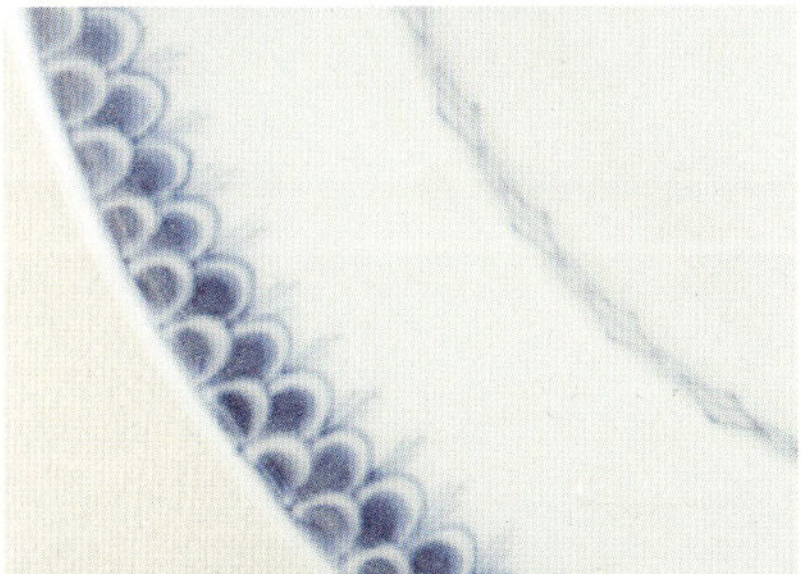

青海波《せいがいは》 同心円を重ねた波の文様

雷《かみなり》 稲妻をかたどったもの

植物・動物・その他の文様

―しょくぶつ・どうぶつ・そのたのもんよう―

ぶどう　ぶどうは豊かな実りの象徴

花《はな》　梅や桜など多様な花が描かれる

ハス　子孫繁栄の象徴。花も人気

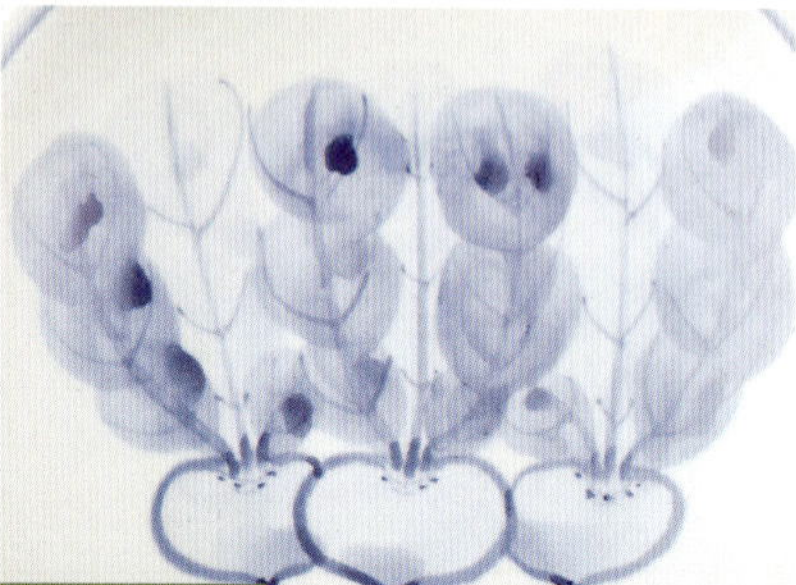

かぶ　ふくらんだ形が豊穣《ほうじょう》を思わせる

唐草《からくさ》　植物の蔓《つる》や葉、花がからみあう。長寿の象徴。蛸《たこ》唐草、菊唐草など種類が多い

植物・動物・その他の文様

千鳥《ちどり》 水辺にすむ鳥。おめでたい文様

鳥《とり》 鶏が２羽。鶴や鷺もよく描かれる

魚《さかな》 豊かさや子孫繁栄を意味する

馬鹿《うまじか》 馬と鹿。洒落《しゃれ》のきいた文様

布袋《ほてい》 七福神は器《うつわ》によく描かれる

山水楼閣《さんすいろうかく》 自然の風景と建物が描かれる

古代《こだい》 古代遺跡を思わせる文様

宝《たから》づくし 宝珠《ほうじゅ》、宝袋《たからぶくろ》などを組みあわせる

ちょっと一息、やきものコラム

新しいのにもうヒビが？大丈夫、「貫入」です

素地《きじ》と釉《うわぐすり》の縮《ちぢ》み方の差が原因

いただきもののカップ。色も形もいいのに、表面がヒビだらけ！　もしや不良品？

ちょっと待って！　確かに器《うつわ》の表面に細かいヒビが入っているが、不良品でもこわれたわけでもない。これは「貫入《かんにゅう》」といって、器の見どころのひとつ。中国北宋《ほくそう》時代の青磁《せいじ》や萩《はぎ》焼では、貫入が大きな特徴だ。

土には、焼くと縮む性質がある。「貫入」は、やきものの素地となる土と表面の釉とで、収縮率に差があるとき生まれる。器を焼成《しょうせい》した後、冷却《れいきゃく》する間に、表面の釉が耐えきれなくなって細かく割れるのだ。このとき、ピンピンと、小さくはじけるようなえもいわれぬ音がするという。

貫入には水分がしみこむ

貫入は、意図してつくるときと、偶然生じるときと両方ある。肉眼で見えないぐらい細かい場合も多い。

貫入のある湯呑《ゆのみ》やカップは、使ううちに貫入からお茶がしみこんで、色が変わってくる。茶人は、これを独特の味わいとして、愛《め》でてきた。

ただ、水分が入るとカビの原因になるのも確か。気になる人は、米のとぎ汁か塩水で煮るといい。

貫入に着色して氷裂文《ひょうれつもん》*のような味わいに
米色瓷徳利　大覚寺窯

＊氷裂文＝氷が裂けた様子をあらわす文様

2章

心ときめく やきものを探しに

―― やきものの産地 ――

やきものの産地は、いい陶土《とうど》がとれる場所が多い。
簡単にどこの土でも手に入れることができる現代でも、
昔からの産地で焼かれる伝統的なやきものの特徴を知ることは、
やきもの文化を理解する近道といえる。

＊器や作家の名前のあとのA 〜Eは写真協力店です（→P.158）。

九谷焼《くたに》
→P.76
珠洲焼《すず》
大樋焼《おおひ》
高遠焼《たかとお》
楢岡焼《ならおか》
平清水焼《ひらしみず》
会津本郷焼《あいづほんごう》
大堀相馬焼《おおぼりそうま》
笠間焼《かさま》
→P.82
瀬戸焼《せと》
→P.68
美濃焼《みの》
→P.72
益子焼《ましこ》
→P.80
常滑焼《とこなめ》
→P.70
壺屋焼《つぼや》

有田・陶山《とうざん》神社の磁器《じき》製の鳥居

笠間の窯元《かまもと》、製陶《せいとう》ふくだの巨大花瓶《かびん》

全国やきもの産地マップ

土があり、人の暮らしがあるところには、やきものが生まれる。
日本では、東海、近畿、北九州をはじめとして、
全国各地でバラエティ豊かなやきものが焼かれている。

＊色文字は本書P.50～83で紹介している産地です。

京焼《きょう》
→P.62
樂焼《らく》→P.91、96
出西焼《しゅっさい》
→P.107
唐津焼《からつ》
→P.54
萩焼《はぎ》
→P.58
出石焼《いずし》
湯町焼《ゆまち》
越前焼《えちぜん》
伊万里焼《いまり》
→P.53
高取焼《たかとり》
上野焼《あがの》
丹波焼《たんば》
波佐見焼《はさみ》
小石原焼《こいしわら》
砥部焼《とべ》
→P.107
大谷焼《おおたに》
小代焼《しょうだい》
有田焼《ありた》
→P.50
万古焼《ばんこ》
備前焼《びぜん》
→P.60
薩摩焼《さつま》
伊賀焼《いが》
→P.66
信楽焼《しがらき》
→P.64
小鹿田焼《おんた》
→P.56

タヌキの置物は信楽焼の名産

有田焼《ありたやき》

【佐賀県】

日本の磁器の代表選手は端正な形と玉の肌をもつ

良質の陶石を使った素地

成形《せいけい》の美しさが生きるルリ釉（→P.33）の磁器

ルリ釉花型小鉢　坂本達哉

伊万里
大川内山
有田
佐賀

日本のやきもの界に色白美人が颯爽《さっそう》とあらわれた

透けるような白さに繊細な絵付《えつけ》の有田の磁器《じき》。17世紀初め、朝鮮半島の陶工《とうこう》李参平《りさんぺい》が、有田の泉山《いずみやま》で、白《はく》磁《じ》の材料となる陶石《とうせき》を発見。これを機に、日本最初の磁器が世に出る。

当時の日本のやきものは陶器《とうき》か焼《やき》締《しめ》ばかり。白く輝く磁器の登場は、センセーショナルな大事件。有田の磁器はまたたく間に全国を席巻《せっけん》した。染付《そめつけ》（→P.22）や色絵《いろえ》（→P.24）の技術を発展させた有田焼は、初期伊万里《いまり》、柿右衛門《かきえもん》、鍋島《なべしま》という、名だたる様式を生んだ。

天然の呉須《ごす》（→P.22）の
深い発色が美しい

上から　染付ロマネスク文８寸キュノアール、苺唐草文イギリス皿　２点とも岩永浩

雪のような素地《きじ》に描かれる染付

真っ白な素地に水墨画のように優美な染付が映える。白い素地は泉山《いずみやま》陶石（→P.128）のほか、熊本県の天《あま》草《くさ》陶石によるもの

「古伊万里《こいまり》」を代表する様式

「古伊万里」とは、江戸時代に焼かれた有田《ありた》の磁器《じき》のこと。有田の10kmほど北の伊万里港《いまりこう》（地図はP.50）から出荷されたため、「伊万里」と呼ばれていた

― 初期伊万里《しょきいまり》 ―

黄みがかった厚い素地《きじ》に渋い染付《そめつけ》の磁器《じき》。おおらかな絵柄や形がもち味。1610年代から1650年ごろまで焼かれた

1640年代

中国から色絵《いろえ》の技術が導入される

1650年代

オランダの東インド会社から磁器の注文を受けはじめる

― 柿右衛門《かきえもん》様式 ―

乳白色の素地に余白を生かした絵付《えつけ》が特徴。米のとぎ汁のような素地は「濁《にご》し手《で》」と呼ばれる。1670～90年代に流行（→P.98）

― 金襴手《きんらんで》 ―

金彩や赤を用いた華やかな装飾が特徴。「古伊万里様式」とも呼ばれる。元禄期（1688～1704）に誕生し、ヨーロッパで人気を博す

どこか現代的なかおりも漂う、あたたかみのある古伊万里の器《うつわ》

上から　青磁重丸文皿、染付松葉文皿　2点とも江戸時代

鍋島の繊細、緻密《ちみつ》な絵付をいまに伝える今右衛門窯の器

左から　宝尽くし絵銘々皿、野菜絵猪口、柘榴絵猪口　今右衛門窯　すべてA

現在も柿右衛門窯《がま》、今右衛門《いまえもん》窯をはじめ、多くの窯元《かまもと》や作家たち、陶磁器メーカーが活躍

— 鍋島《なべしま》様式 —

佐賀鍋島藩の管理によって完成した精巧な様式。もっぱら藩の献上品や贈答品用。精巧で品格ある造形と絵付が特徴（→P.100）

やきもの
こぼれ話

「伊万里焼」を焼き続ける大川内山《おおかわちやま》

1675年、鍋島藩は伊万里奥の秘境、大川内山（地図はP.50）に藩の窯を移す。当代きっての陶工《とうこう》を集め、御用品《ごようひん》*の本窯焼成までを行わせていた（→P.101）。

鍋島の技術は絶対門外不出。陶工は数を制限され、出入りも関所で厳しくチェックされた。

大川内山にはいまも窯元がならぶ。現在「伊万里焼」と呼ばれるやきものだ。

＊御用品＝幕府や藩などが公用で用いる品物

窯元がならぶ大川内山の町なみ

唐津焼
―からつやき―

【佐賀県】

朝鮮半島の陶工が土の味わい豊かな陶器を完成

素朴かつ洗練されたたたずまい

土の風合いそのままの唐津焼は、おおらかで素朴な味わいが身上。派手さはないのに、どことなく洗練された魅力がある

粗い陶土《とうど》「砂目《すなめ》」が風合いを生む

黒と白のコントラストが特徴

朝鮮唐津《ちょうせんからつ》

黒い鉄釉《てつゆう》の上に白い藁灰釉《わらばいゆう》を流しかけた朝鮮唐津の片口《かたくち》

朝鮮唐津片口　藤ノ木土平　B

西日本では「からつもの」はやきものの代名詞

唐津焼の歴史がいつからかは、定かではない。16世紀末、朝鮮半島から最新技術とともに渡来した陶工《とうこう》により劇的に発展、一大産地となる。

桃山時代には、日用器が量産され、茶の湯の世界でも珍重された。西日本で「からつもの」といえば「やきもの」を意味したほどだ。

当時の唐津焼（古唐津《こからつ》）は、絵唐津《えからつ》、斑唐津《まだらからつ》、三島唐津《みしまからつ》、朝鮮唐津《ちょうせんからつ》などの特徴的な装飾技法で知られる。様式は多様だが、どれも李朝《りちょう》（李氏朝鮮王朝）中期の、素朴で、どこと

のびやかな鉄絵《てつえ》（→P.26）が描かれた絵唐津は、唐津焼の象徴的な存在
絵唐津土瓶　藤ノ木土平　B

なく明るい雰囲気をもつ。

唐津焼は、江戸中期以降、有田《ありた》の磁器《じき》におされ、長きにわたり衰退。しかし、1929年の中里無庵《なかざとむあん》の窯《かま》跡《あと》調査をきっかけに、たたきづくりなどの古唐津の技法が再現された。

現在も、多くの窯で、古唐津風の器《うつわ》などがつくり続けられている。

やきものこぼれ話

唐津焼の陰の功労者は秀吉?

1592年と97年、豊臣秀吉が朝鮮半島に大軍を派遣し、惨敗した文禄《ぶんろく》・慶長《けいちょう》の役《えき》。国土を疲弊《ひへい》させた悪名高い戦いは、別名「やきもの戦争」と呼ばれる。佐賀藩主の鍋島直茂《なべしまなおしげ》らが連れ帰った朝鮮半島の陶工が、連房式登窯《れんぼうしきのぼりがま》（→P.132）、蹴《け》ろくろなどの革新的な技術をもたらしたからだ。

これらの技術が最初に導入された唐津では、生産力が劇的に向上した。

小鹿田焼《おんたやき》【大分県】

独特な伝統技法が民藝運動に見いだされた

300年変わらぬ技法

すべて手作業で行われる小鹿田焼。陶土《とうど》はいまも、川の水力で動く唐臼《からうす》で山の土を砕《くだ》いてつくる。装飾の技法も江戸時代からほとんど変わらない

ろくろを回転させて
鋼片で文様を付ける

リズミカルな刻み文様が楽しい

飛びかんな急須　坂本工　E

一子相伝。変わらぬ方法で日用器を焼く

日田
大分

唐臼《からうす》の音がゆったりとひびきわたる山あいの里、小鹿田。小鹿田焼は、1700年代のはじめ、福岡県の小《こ》石原焼《いしわらやき》の陶工《とうこう》を招き、日用器を焼いたことからはじまった。

小鹿田焼は、1931年、民藝運動《みんげいうんどう》（→P.106）の提唱者の柳宗悦《やなぎむねよし》に「日田《ひた》の皿山《さらやま》」として紹介される。

一躍その名を知られるようになったが、その後もかたくななまでに昔ながらのやり方を変えない。いまも十軒の窯元《かまもと》が世襲制《せしゅうせい》で、大切に技法を伝え、日用器を焼き続けている。

昔ながらの技法なのにモダンなデザイン

手前と左奥の７寸皿　C／真ん中の４寸小鉢、ぐい呑　坂本工　E／それ以外右から　フチ付5.5寸皿、８寸皿、５寸皿、徳利　坂本浩二　E

やきもの
こぼれ話

英国じこみの「用の美」

英国人の陶芸家、バーナード・リーチは、民藝運動の同志、河井寛次郎《かわいかんじろう》や濱田庄司《はまだしょうじ》（→P.104～105）と、1954年、小鹿田を訪れた。

リーチは、小鹿田の陶工たちの高い技術でつくられる日用器の美しさに感動。３週間の滞在中に、飛びかんなや櫛描きなどの技法を学んだ。逆にピッチャーの手の付け方などを指導したという。

リーチの指導が造形に生きている

ピッチャー　坂本工　E

萩焼《はぎやき》

【山口県】

色も手ざわりもまろやか。変化を楽しんで

萩焼は高台の形に特徴がある

くし目湯呑びわ　椿秀窯　D

高台

●萩焼の高台《こうだい》

切高台《きりこうだい》 高台の一部を切り取る

割高台《わりこうだい》 高台を十字に割る

桜高台《さくらこうだい》 「3」の形を5か所残す

竹《たけ》の節高台《ふしこうだい》 上下を竹の節の形に削る

高麗茶碗《こうらいちゃわん》の美にならい「わび」の器をつくりだす

茶碗や湯呑《ゆのみ》のイメージが強い萩焼。茶陶《ちゃとう》（茶の湯で用いる陶磁器《とうじき》）を焼く萩藩の御用窯《ごようがま》*からはじまった。文禄《ぶんろく》・慶長《けいちょう》の役《えき》（→P.55）のさい、藩主毛利輝元《もうりてるもと》は、連れ帰った朝鮮半島の陶工《とうこう》に、高麗茶碗の写しを焼かせた。輝元のいとこで茶人の秀元《ひでもと》の存在も大きかったといわれる。

おもな材料は、「大道土《だいどうつち》」という白い粘土。低温でじっくり焼くため、あまり焼き締《し》まらない。しかし、釉《うわぐすり》は縮《ちぢ》まるので、素地《きじ》と釉とで収縮のズレが生じ、貫入《かんにゅう》ができる（→P.46）。

＊御用窯＝幕府や藩などの直営の窯

釉によって白から
赤に近いピンクまで
さまざまな色合いに
肌に貫入が
無数に入る

育てるつもりでつきあう

やわらかい萩焼の器《うつわ》は、使ううち貫入にお茶や酒がしみこみ、表情が変わるのが楽しい。「萩の七化け」といわれる

サーモンピンクのやわらかな風合いが上品
萩酒盃　田原陶兵衛　B

貫入、ざっくりした風合い、やわらかな色が萩焼の特徴だ。「わび茶（→P.93、96）」によく合う。

明治維新で藩の保護を失った萩焼は一時すたれるが、萩焼の名門三輪《みわ》家《け》の十代《じゅうだい》休雪《きゅうせつ》などの尽力《じんりょく》で、茶陶の産地として再生した。現在は、さまざまなやきものが焼かれている。

やきもの
こぼれ話

一樂《らく》、二萩、三唐津《からつ》

茶の世界には、「一樂、二萩、三唐津」という言葉がある。樂焼（→P.91、96）、萩焼、唐津焼（→P.54）とも、江戸時代の茶人に愛された、格の高い和物《わもの》（日本でつくられた日本風の陶磁器）だ。

萩焼が二番なのは、千利休《せんのりきゅう》由来の京都の樂焼は別格として、装飾がほとんどない萩焼は、素朴だが絵付《えつけ》や釉の装飾のある唐津焼よりさらに「わび」ている、という、当時の茶人の感覚によるものだろう。

備前焼
—びぜんやき—

【岡山県】

窯の炎で七変化。重厚な存在感をはなつ

渋い色の土と窯変《ようへん》がもち味

備前焼の土は、冬に地下深くから掘り、1～2年かけてつくられる。1300度の高温で焼き締めると、独特な窯変（→P.40）が生まれる

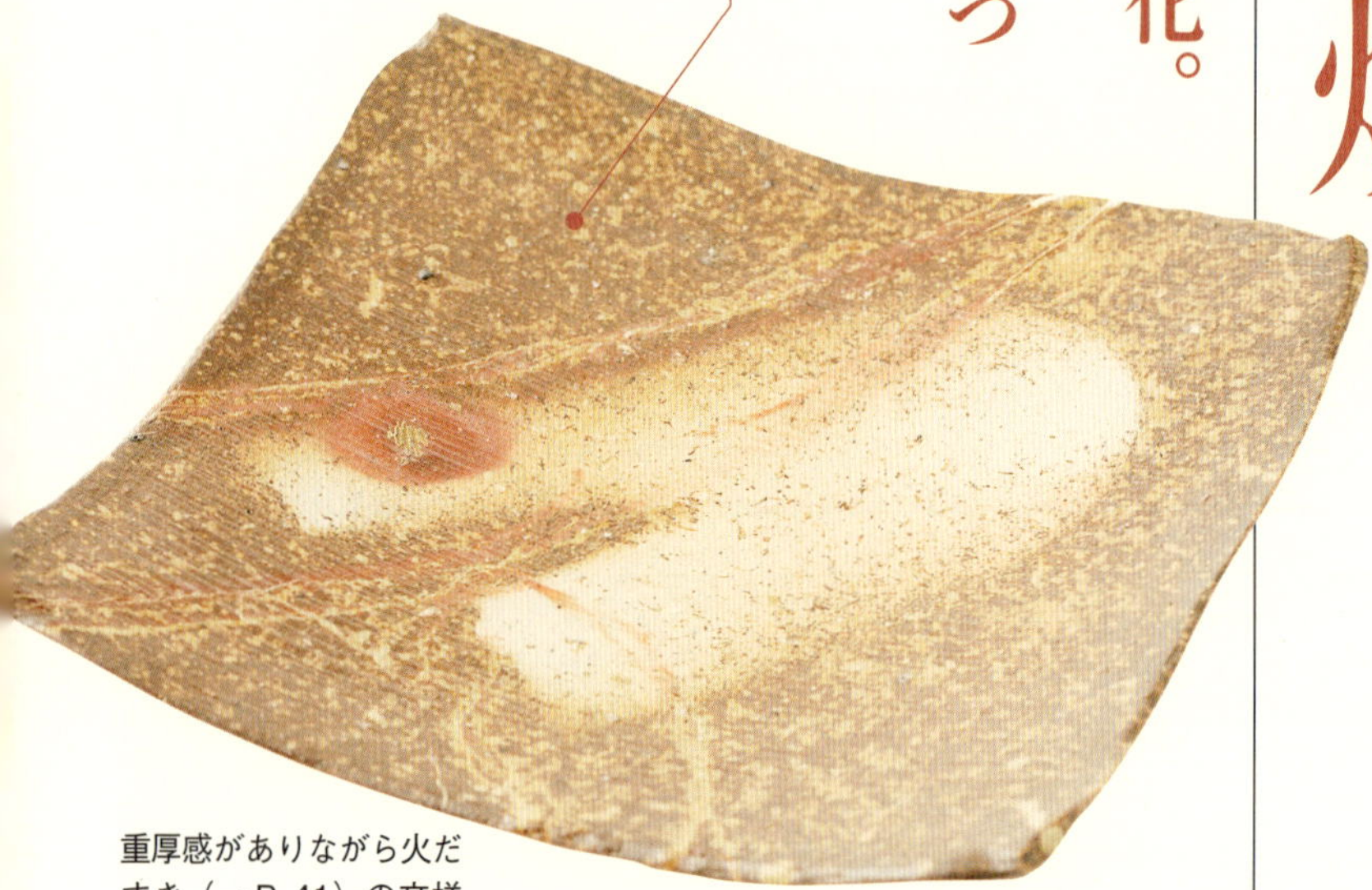

重厚感がありながら火だすき（→P.41）の文様がどことなくユーモラス

備前角皿　伊勢﨑晃一朗　B

一〇〇〇年前から焼締《やきしめ》をつくり続ける

備前焼には絵付《えつけ》も釉《うわぐすり》もない。昔と変わらぬ手順でつくった陶土《とうど》を、登《のぼり》窯《がま》で二週間焼き締《し》める。土と炎と、おしまぬ手間が生むシンプルだが多彩な表情に、熱烈なファンが多い。

歴史は古い。平安時代末期、須恵《すえ》器《き》（→P.108）の陶工《とうこう》たちが備前に移り、日用器を焼いた。安土桃山時代には茶陶《ちゃとう》*を制作、黄金期を迎える。

江戸末期から昭和のはじめまでは低迷するが、金重陶陽《かねしげとうよう》が桃山の「古《こ》備前《びぜん》」を復興した。これをきっかけに、現在の隆盛がある。

＊茶陶＝茶の湯で用いる陶磁器。茶碗、茶入、茶壺など

深みのある土色と窯変が
美しい
備前酒器揃　陶古窯　D

やきもの
こぼれ話

篭城《ろうじょう》戦に欠かせなかった備前焼

戦国時代、激しく抵抗した城や寺の多くが備前の水甕《みずがめ》を備えていたという。茶器や酒器にも向く備前焼は、ほどよく水がしみこむため、器と水の温度差ができにくく、水が腐りにくい。長い篭城を可能にした。

秀吉は、茶会で備前の水指《みずさし》や花入《はないれ》を多用した備前焼の大ファンだったが、中国地方平定の折に窯《かま》を一つ所に集めるなど、備前焼の支配も進めた。戦時下の備前焼の威力をよく知っていたからだといわれる。

備前の器だと風味がそこなわれず、おいしく飲める
焼酎カップ　D

京焼《きょうやき》

【京都府】

文化の中心で端正、華麗なやきものがはぐくまれる

さながら技法の博覧会。どれも雅《みやび》に変身させる

「京焼」は、樂焼《らくやき》（→P.91、96）をのぞく、清水焼《きよみずやき》などの京都のやきものの総称。野々村仁清《ののむらにんせい》風の色絵陶《いろえとう》器、尾形乾山《おがたけんざん》風の銹絵《さびえ》、白磁《はくじ》や青磁《せいじ》など、作家の数だけ手法がある。

京都にはいい陶土《とうど》がない。しかし、目利《めき》きの茶人、教養も財力もある町《まち》衆《しゅう》、優秀な職人がいて、高い美意識と工芸の伝統があった。陶工《とうこう》たちは、茶人たちの難しい注文にこたえ、美《み》濃《の》や信楽《しがらき》などの各地の土を試し、技法を吸収して、洗練させたやきものをつくりあげてきたのだ。

●多彩な手法をもつ京焼のあゆみ

安土桃山

東山五条坂界隈《ひがしやまごじょうざかかいわい》で、唐《から》物《もの》（中国の陶磁器）や高麗物《こうらいもの》（朝鮮半島の陶磁器）をまねた茶器などが焼かれる

古清水《こきよみず》
粟田口焼《あわたぐち》、清閑寺焼《せいかんじ》、清水焼《きよみず》などの、東山山麓《さんろく》で焼かれた色絵陶器のこと

江戸前期

野々村仁清《ののむらにんせい》（→P.92）、尾《お》形乾山《がたけんざん》（→P.94）が色絵陶器などを制作

奥田頴川《おくだえいせん》が赤絵《あかえ》や染付《そめつけ》の京都磁器の焼成《しょうせい》に成功

多くの名工が誕生

現代

伝統を受けつぎつつ、革新的なやきものが焼かれている

雅で洗練された器

多種多様な京焼だが、成形《せいけい》や絵付《えつけ》の端正さ、器《うつわ》の口あたりのよさ、手にとったときの軽さが京焼の伝統

薄く仕上げた端正な形

凜《りん》とした姿の中にもどこかあたたかみがある

抹茶茶碗　加藤泰一

多くの窯元《かまもと》が集まる五条坂の陶器市

やきもの こぼれ話

京都で生まれた名工たち

京都には昔もいまも名工が生まれ、また集まる。

江戸時代では、仁清、乾山に加え、奥田頴川、その弟子の青木木米《あおきもくべい》、仁阿弥道八《にんあみどうはち》、赤絵や金襴手《きんらんで》の名手永楽保全《えいらくほぜん》・和全《わぜん》親子などが名高い。

近現代でも、富本憲吉《とみもとけんきち》、民藝運動《みんげいうんどう》の提唱者の河井《かわい》寛次郎《かんじろう》（→P.104）、多くの技法を試みた石黒宗磨《いしぐろむねまろ》など、京焼の枠《わく》にとどまらない、日本を代表する作家を多く輩出している。

信楽焼

—しがらきやき—

【滋賀県】

ざらざらした土肌に「わび」のたたずまいが漂う

陶器《とうき》の生産も多い。釉《うわぐすり》をかけても独特な土の味は変わらない

左から　刷毛目マグカップ、十草マグカップ　2点ともD

土のよさを活かした自然の美

信楽の地は、黒い木節粘土《きぶしねんど》、白い蛙目《がいろめ》粘土《ねんど》など、耐火力や保温力に優れた良質の粘土が豊富。原土《げんど》を粉砕《ふんさい》してそのまま焼き締める自然の美しさが人気

飾らぬ素朴な美しさが茶人に好まれた

信楽焼は六古窯《ろっこよう》（→P.71）のひとつ。聖武《しょうむ》天皇が紫香楽宮《しがらきのみや》の屋根瓦を焼かせたのがはじまりと伝わる。鎌倉時代からは、壺《つぼ》やすり鉢《ばち》など日用器をつくっていた。

漉《こ》さずに使う信楽焼の陶土《とうど》は、焼き締《し》めると、赤い肌に土中の長石《ちょうせき》などが白く浮き出てくる。この飾らぬ美しさが茶人の目にとまった。農家にあった壺や桶《おけ》が、花入《はないれ》や水指《みずさし》に見立てられ、人気を博す。

現在は、食器、茶器、火鉢、植木鉢などが、広く焼かれている。

長石の粒が
白く浮き出ている

赤い焦《こ》げ目や白い斑点《はんてん》が信楽焼らしい。素朴ながら品格のある酒器

信楽ぐい呑　古谷道生　B

やきもの
こぼれ話

信楽とタヌキの熱い関係

食堂や民家の家先で見かける、とぼけた表情のタヌキの置物。信楽焼の名産だ。

京都のやきもの作家藤原銕造《ふじわらてつぞう》（号*は狸庵《たぬきあん》）が、昭和10年ごろ信楽に転居して本格的にタヌキ像を制作しはじめてから、信楽の顔となった。

昭和26年11月、昭和天皇が信楽を訪れたさいには、旗をもったタヌキの置物たちが沿道にならんでお迎えしたという。

＊号＝本名以外につける風流な名前

信楽焼の顔、タヌキ。「他を抜く」につながり、縁起がいいといわれる

伊賀焼《いがやき》

【三重県】

豪快、アシンメトリーな造形を茶人が好んだ

キズもヒビも魅力のうち

「織部好み」といわれる豪放磊落《ごうほうらいらく》な造形が伊賀焼の魅力。割れ目もゆがみもそのまま愛でる。大胆な青緑色のビードロ釉も大きな特徴

古伊賀には小さな耳がついているものが多い

新兵衛伊賀耳付筒花入　伊賀信楽古陶館蔵

歴代の武将と茶人が愛《め》で、育てた

伊賀焼は、古くは山をへだてた信《しが》楽《らき》と同じ土を使っていた。「伊賀に耳あり、信楽に耳なし」といわれる。耳の有無で判断するほど、古いものは見分けが難しい。

伊賀焼ならではの特徴的な造形があらわれるのは、安土桃山時代ごろから。一度成形《せいけい》した器《うつわ》にヘラ目をつけ、ゆがみを加える。表面に青緑色のビードロ釉*が流れたものも多い。

こうした大胆な「破格《はかく》の美」は、武将が使う茶の道具に向いていた。古田織部《ふるたおりべ》（→P.88）門下の筒井定次《つついさだつぐ》、

＊ビードロ釉＝灰がかかったところが青緑色に発色する自然釉

大胆な変形を加える
ビードロ釉が美しい
力強い造形は伊賀焼の伝統
伊賀片口　古谷和也　B

現在は「土鍋《どなべ》の伊賀」としても知られる
片手土鍋　伊賀土楽

藤堂家《とうどうけ》三代など、歴代の領主が茶陶《ちゃとう》（茶の湯に用いる陶磁器）制作を奨励。大名茶人の小堀遠州《こぼりえんしゅう》も、伊賀焼を好んだ。これらの「古伊賀《こいが》」には、水指《みずさし》や花入《はないれ》など、豪快な茶陶が数々見られる。

江戸中期には、瀬戸《せと》の釉《うわぐすり》の技術を導入。現在は、焼締《やきしめ》や陶器《とうき》の日用器を多く焼いている。

瀬戸焼

—せとやき—

【愛知県】

「せともの」の産地は一〇〇〇年の歴史を誇る

「せともの」はやきものの代名詞

瀬戸では、「本業焼《ほんぎょうやき》」といわれる陶器、「新製《しんせい》焼《やき》」といわれる磁器に加え、ファインセラミックスなどの生産もさかん

江戸後期〜明治時代に庶民の器として流行した馬《うま》の目皿《めざら》。いまもつくり続けられている

馬の目皿　瀬戸市蔵

明治前期の染付《そめつけ》の磁器。足がおもしろい

染付菊唐草鳳凰文三足鉢　二代目加藤周兵衛　瀬戸市蔵

釉《うわぐすり》が最初に使われた地。磁器《じき》生産で息をふきかえす

一〇〇〇年の歴史をもつ瀬戸焼。鎌倉時代、他の産地が焼締《やきしめ》の日用器を生産する中、中国の陶器《とうき》を手本に、釉をかけた祭器（祭礼で用いる器《うつわ》）や茶器を焼き、高級品として珍重された。織田信長《おだのぶなが》にはことに好まれた。

戦国時代には、陶工《とうこう》が美濃《みの》に移り（瀬戸山離散《せとやまりさん》）、一時勢いを失ったともいわれる。

江戸時代になると、尾張徳川家《おわりとくがわけ》の保護を受け、後期には磁器《じき》生産を開始。いまでは、あらゆるやきものを生産する大産地となった。

あたたかみのあるクリーム色の
釉が印象的
左から　瀬戸6.5寸指紋鉢三方緑、石皿、紅小鉢２点　すべて水野半次郎　C

陶器（本業焼）

民藝《みんげい》調の陶器

江戸時代後期から焼かれた庶民向けの陶器。石皿《いしざら》や馬の目皿、麦藁手《むぎわらで》（→P.43）などロングセラーがある

古瀬戸《こせと》

鎌倉〜室町時代、中国・宋《そう》の青磁《せいじ》や天目釉《てんもくゆう》にならって焼かれた灰釉《かいゆう》や鉄釉《てつゆう》の高級陶器。祭器や茶器が中心

赤津焼《あかつやき》

美濃からもどった陶工が赤津の地で古瀬戸にならって焼いた高級陶器。灰釉、鉄釉、古瀬戸釉《こせとゆう》など七つの釉が有名

磁器（新製焼）

1807年、有田《ありた》で技術を学んだ陶工加藤民吉《かとうたみきち》が染付磁器の生産に成功。以後、磁器が瀬戸焼の中心となる

常滑焼
—とこなめやき—

【愛知県】

急須で有名。中世から日用器をつくり続ける

やきものの町の風情漂う土管坂。土管も常滑焼の代表的な製品

酸化炎《さんかえん》と還元炎《かんげんえん》（→P.41）で二度焼成《しょうせい》して色を出す

黒泥椿横手湯冷まし　D

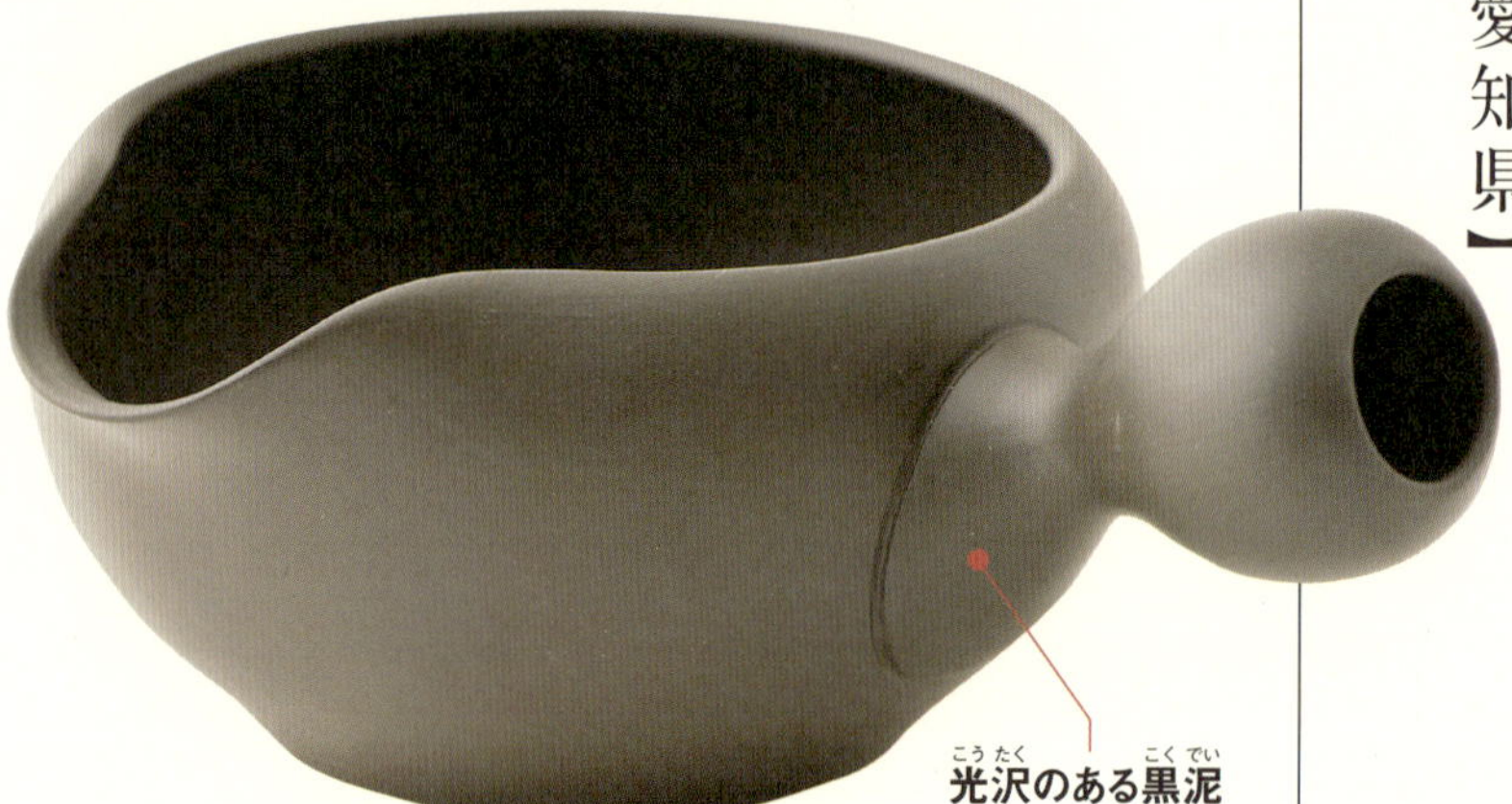

光沢《こうたく》のある黒泥《こくでい》

六古窯《ろっこよう》のひとつ。朱泥焼とともによみがえる

常滑焼の壺《つぼ》や甕《かめ》は、各地の遺跡で発掘される。陶土《とうど》に恵まれ海に近い常滑の地は、古くから全国に販路をもつ大規模な窯場《かまば》。他の産地がこぞって茶陶《ちゃとう》に転換した安土桃山時代にも、日用器をつくり続けていた。

「常滑」の由来は、「滑《なめ》らかな床《とこ》」だといわれる。実際、鉄分《てつぶん》をふくんだなめらかな粘土が豊富にとれる。

江戸時代後期、この土の特性を活かし、朱泥焼《しゅでいやき》が誕生。その後中国の技術を導入して朱泥《しゅでい》急須《きゅうす》がつくられた。常滑焼の象徴となっている。

中国の急須の技法を
とり入れている
使うほど光沢が増す

常滑焼を象徴する朱泥

鉄分の多い土を成形《せいけい》、1120度の低温、酸化炎で焼き締《し》めるとあざやかな朱色に焼きあがる

鉄分の多い朱泥急須はお茶に最適
朱泥急須　D

やきもの
こぼれ話

知っておきたい「六古窯」

やきものの話でよく出る用語のひとつが「六古窯」。中世を代表する六つの産地、瀬戸《せと》、常滑、信楽《しがらき》、越《えち》前《ぜん》、丹波《たんば》、備前《びぜん》を指す。

近年の研究では、六古窯よりも古い窯が存在したことが明らかになっている。しかし、これらは現在稼《か》働《どう》していない。

六古窯は、「鎌倉時代から今日まで、絶えることなく続いてきた」ということに大きな価値がある。

●六古窯
越前
瀬戸
信楽
備前
丹波
常滑
瀬戸以外すべて焼締《やきしめ》中心の産地

美濃焼

—みのやき—

【岐阜県】

黄瀬戸、瀬戸黒、志野、織部。豪放な桃山文化の顔となる

筒型の器が多い

瀬戸黒酒杯　加藤卓男　B

瀬戸黒《せとぐろ》

鉄釉《てつゆう》（→P.31）をかけた器を焼成中に窯《かま》から出して急冷すると真っ黒に。「引き出し黒」ともいう

黄瀬戸《きぜと》

灰釉《かいゆう》をかけた器《うつわ》を酸化《さんか》炎《えん》で黄色く焼成《しょうせい》したもの。草花文様や緑のタンパン（→P.27）の装飾が多い

鉄絵具で彩色している

黄瀬戸湯呑　加藤康景　B

華やかな時代と茶の湯が独創的な様式を生んだ

平安時代、陶器《とうき》を税として納めていたほど、陶土《とうど》に恵まれた美濃。歴史は長いが、もっとも脚光を浴びるのは室町〜安土桃山時代だ。

美濃焼は、隣の瀬戸《せと》焼と関係が深い。室町時代、戦乱を避け良質な土をもとめ、瀬戸の陶工《とうこう》が美濃へ流入（瀬戸山離散・→P.68）。以後、東海地方のやきものの中心地は美濃となる。華やかな桃山文化の気風と茶の湯の流行を背景に、個性的な「美《み》濃桃山陶《のももやまとう》」が次々に誕生した。

やわらかな黄色の黄瀬戸《きぜと》、漆黒《しっこく》で

日本発の美が花開いた4つの様式

それまで唐物《からもの》（中国の陶磁器《とうじき》）を写していた日本のやきものは、安土桃山時代、独自の創造性を発揮しはじめる。その代表が美濃桃山陶の４様式だ

表面に無数の穴があいた柚子肌《ゆずはだ》が特徴

志野ぐい呑　原憲司　B

志野《しの》

美濃産のもぐさ土に長石釉《ちょうせきゆう》を厚くかけ、ゆっくり焼きゆっくり冷ましてつくる。日本で最初の白いやきもの

織部《おりべ》

古田織部《ふるたおりべ》の指導から生まれた奇抜《きばつ》な形や装飾のやきもの。鳴海織部《なるみおりべ》、総織部《そうおりべ》、黒織部《くろおりべ》などの様式がある（→P.32、88）

緑の織部釉《おりべゆう》が美しい総織部の酒器

織部ぐい呑　加藤康景　B

端正な瀬戸黒《せとぐろ》、白く気品がある志野《しの》、ダイナミックな織部《おりべ》。いまも美濃焼を代表するやきものだ。

江戸時代になると、瀬戸の陶工が尾張《おわり》藩に呼びもどされる。得意先の京都が自前でやきものを本格生産しはじめたことも手伝い、美濃桃山陶の黄金期は終わりを告げた。

やきもの
こぼれ話

瀬戸焼だと思われていた志野

美濃桃山陶は、かつては瀬戸焼だと思われていた。「黄瀬戸」「瀬戸黒」の名は、その名残《なごり》だ。

1930年、桃山期の志野《しの》筍《たけのこ》絵《え》茶碗《ちゃわん》を見た荒川豊蔵《あらかわとよぞう》が、可児市《かにし》にあった美濃の古い窯で絵柄が同じ志野茶碗のかけらを発見。美濃が桃山古陶《ことう》の大産地であったことが証明された。

その後、発掘場所に窯を開いた豊蔵をはじめ、多くの作家が、美濃桃山陶の再現を試みている。

「和物《わもの》」の最高峰、志野《しの》

茶の世界では志野の茶碗は、和物（日本の陶磁器）の最上クラスといわれる。絵志野《えしの》、練込志野《ねりこみしの》、鼠志野《ねずみしの》など、どれも素朴ながら優雅な表情をもつ

志野は日本最初の絵付《えつけ》をされたやきものでもある。赤い火色が美しい

志野一文字文茶垸　荒川豊蔵
岐阜県陶磁資料館蔵

白素地《きじ》に鉄絵具の鬼板《おにいた》を化粧がけして、釘で葦《あし》の文様を描いている

鼠志野葦文長角皿　水野愚陶　岐阜県陶磁資料館蔵

桃山陶《ももやまとう》から磁器《じき》まで。全国一の食器の産地に

美濃焼《みのやき》は、江戸時代中期になると人口の多い江戸の庶民に向けた茶碗《ちゃわん》や皿などを焼くようになる。江戸後期には、磁器生産も開始した。

現在は、華やかな桃山陶から磁器までそろう大産地だ。食器の生産量は全国ナンバーワン。和食器は全国総生産の約60％、洋食器は約50％のシェアを占めている。

器《うつわ》全部を美濃焼でそろえても、バラエティに富んだ食卓になる

手前から　鼠志野十草飯碗、絵織部角銘々皿、志野織部飯碗、玉山窯黒織部マグカップ　すべてD

九谷焼《くたにやき》

【石川県】

絢爛豪華な磁器は百万石の富を象徴する

深みのある色合いが美しい九谷焼。ことに緑の美しさは格別

上から　色絵桐文皿　須谷窯／角プレート丸に四ツ花文　岡本修

目にあざやかな彩色の技

九谷焼といえばあざやかな色《いろ》絵《え》の磁器。焼くと青みがかる九谷焼の素地の上では、絵付がよりはっきりし、あでやかさを増す

青みがかった素地《きじ》の上で色が深みを増す

「九谷焼」の名は、発祥《はっしょう》の地加賀《かが》国《くに》江《え》沼《ぬま》郡《ぐん》九《く》谷《たに》村《むら》に由来する。九谷の地で陶石《とうせき》が発見され、領主前《まえ》田《だ》家《け》が磁器《じき》生産をはじめさせたと伝わる。

主原料は、鉄分《てつぶん》が多い地元産の花《はな》坂陶石《さかとうせき》。還元炎《かんげんえん》（→P.41）で焼くと青みがかる。たっぷりと置かれた絵具が深みを増し、くっきり発色するのが特徴だ。

九谷焼では、窓絵《まどえ》とまわりの地紋《じもん》が特徴の「五彩手《ごさいで》」、緑や黄で器《うつわ》全体に彩色する「青手《あおで》」など、印象的な絵付《えつけ》の様式が数々発達した。

周囲を囲む黄色い地紋は、再興《さいこう》九谷《くたに》(→P.78)の吉田屋窯《よしだやがま》(1824～31) にならったもの

吉田屋7.3号鉢　D

伝統的な九谷焼の絵付の方法

青手《あおで》

白地を残さず塗りつぶす

黄　緑　青　紫

＋ 赤 **五彩手《ごさいで》**

白素地《きじ》に下の五色などで絵付する

黄　緑　青　紫　赤

＋ 金 **金襴手《きんらんで》**

五彩に金を加える

黄　緑　青　紫　赤　金

赤を使わず素地《きじ》が見えなくなるまで塗る青手《あおで》の器《うつわ》
青手土坡二牡丹図大平鉢　古九谷　石川県九谷焼美術館蔵

古九谷《こくたに》

— 17世紀後半 —

1655年ごろ、加賀藩《かがはん》から分藩した大聖寺藩主前田家《だいしょうじはんしゅまえだけ》が、有田《ありた》で技術を学んだ後藤才次郎《ごとうさいじろう》に、山深い九谷《くたに》の地で焼かせたのがはじまりと伝わる。1710年ごろまでの約半世紀間に、青手や五彩手《ごさいで》の名品が次々制作された

100年後

再興九谷《さいこうくたに》

— 19世紀〜 —

1807年、京都の陶工青木木米《とうこうあおきもくべい》の指導で、金沢の春日山窯《かすがやまがま》で、古九谷を手本にした磁器《じき》が焼かれる。その後、吉田屋窯《よしだやがま》、宮本《みやもと》屋窯《やがま》、永楽和全《えいらくわぜん》、九谷庄三《くたにしょうざ》などにより、赤絵《あかえ》、金襴手《きんらんで》などさまざまな様式が誕生

現在は、加賀《かが》市や小松《こまつ》市、能《の》美《み》市などで色絵磁器《いろえじき》中心に生産されている

古九谷と再興九谷

現在の九谷焼の直接の起源は、19世紀初頭にはじまる「再興九谷」。底には、江戸時代初期の「古九谷」の美がある

異国風の絵柄が美しい
染付鳥文リム付盛皿　岡本修

日本の磁器の最高峰、古九谷

圧倒的な色彩と構図で、ほかの日本のやきものとは一線を画す古九谷。油絵のような青手、緻密《ちみつ》な色絵、大胆な幾何学《きかがく》文様など、最高の美術品と評価が高い

菊の花などの
草花文様の上に
鳳凰《ほうおう》が描かれている

「百花手《ひゃっかで》」と呼ばれる
緻密な文様

八角形の内の窓絵《まどえ》も外の縁も、見事な五彩で飾られている

色絵百花手唐人物図大平鉢
古九谷　石川県九谷焼美術館蔵

裏にもたっぷり絵付《えつけ》がされている。
口径は45.1cm

やきもの
こぼれ話

古九谷の50年の輝きの謎《なぞ》

古九谷には謎が多い。有田で生まれた最先端の色絵の技術が、あまり時をおかず、遠く北陸の地で華開いたのはなぜか。前田家と佐賀藩主鍋島家《なべしまけ》とが姻《いん》戚《せき》で、技術や人、物の交流が行われたと推測されるが、謎は残る。九谷で有田の素地に上絵付《うわえつけ》したとも。

では、古九谷が半世紀ののち、忽然《こつぜん》と消えた原因は？　藩主や陶工《とうこう》の死、幕府の干渉、藩の財政悪化など諸説あり、こちらも判然としていない。

益子焼

—ましこやき—

【栃木県】

素朴、モダンな生活陶器に「用の美」の心が息づく

独特な釉《うわぐすり》がかもしだす自然の香り

益子の土は粒子《りゅうし》が粗《あら》く、黒みがかった厚手の器になる。土の欠点を補うため、釉や化粧土《けしょうど》（→P.34）の技法が発達した

どっしりとした厚み
鉄分が多い土は焼くと黒っぽくなる

釉の流しがけは、益子焼伝統の技法

焼締白黒流掛鉢　浜田門窯　C

濱田庄司《はまだしょうじ》が作陶《さくとう》をはじめて世界的に有名に

宇都宮
益子

江戸時代後期、笠間《かさま》焼（→P.82）の技術をもとに誕生した益子焼。有名になったのは、民藝運動《みんげいうんどう》の提唱者、濱田庄司（→P.105）が、益子に窯《かま》を築いた1924年ごろからだ。

益子の人々は、実用的な器《うつわ》を、良質とはいいがたい地元の土を使い、工夫して焼いていた。豊かな自然の中で生まれる素朴な「用の美《ようび》（→P.106）」に、庄司は感動した。

いまも民藝の精神が息づく益子。民藝風をはじめ多様な作風の作家が集まる関東有数の産地となっている。

ぬくもりのある益子の器はふだん使いにぴったり

左から　隅切なす皿、八角なす皿、4寸角なす皿　以上佐久間藤太郎窯　C／面取箸立　C

益子焼にはいまも山水絵が描かれる

山水絵皿　C

やきもの
こぼれ話

庄司を魅了した山《さん》水《すい》土《ど》瓶《びん》

益子焼のもうひとりの重要人物、女性絵《え》付《つけ》師《し》皆川《みながわ》マス。濱田庄司は、マスがあざやかに山水画を描いた土瓶を見て感銘を受け、世に紹介。山水土瓶は、現在も益子焼のロングセラーだ。

一日に400～500もの土瓶の絵付をしたというマス。世界工芸展覧会などで大きな賞を受賞したのちも、自分の高い技術を特別意識することもなく、たんたんと仕事をこなしていたという。

笠間焼《かさまやき》

【茨城県】

関東最古の窯場には伝統も革新もある

釉を流しかけるような素朴な器が多く焼かれていた

製陶ふくだ・歴史館内

柿釉のすり鉢は昔の笠間焼の象徴

すり鉢　製陶ふくだ

官民力をあわせて活気あるやきものの里に

笠間焼は、関東最古のやきもの。信楽《しがらき》焼（→P.64）の陶工長右衛門《とうこうちょうえもん》に指導を受けてはじまる。

江戸時代中期から明治期ごろまで、すり鉢《ばち》や火鉢《ひばち》、徳利《とくり》など、素朴な日用器の産地として知られていた。昔ながらの笠間焼は、糠白釉《ぬかじろゆう》、柿釉《かきゆう》、黒釉を流しかけた民藝《みんげい》の陶器《とうき》だ。山をへだてた益子焼の先輩にあたる。

陶土《とうど》や薪《たきぎ》が豊富で東京に近い笠間は、やきもの産業に向いた地だ。生活様式の変化で衰退しかけたが、戦後、県や市が窯業《ようぎょう》に力を入れ、指導

特徴のないのが特徴

笠間には、伝統的な民藝の陶器を焼く作家も、芸術作品を焼く作家も共存する。しばられない自由さが魅力

現代的な美しさと土の強さをあわせもつ急須

炭火急須　黒田隆

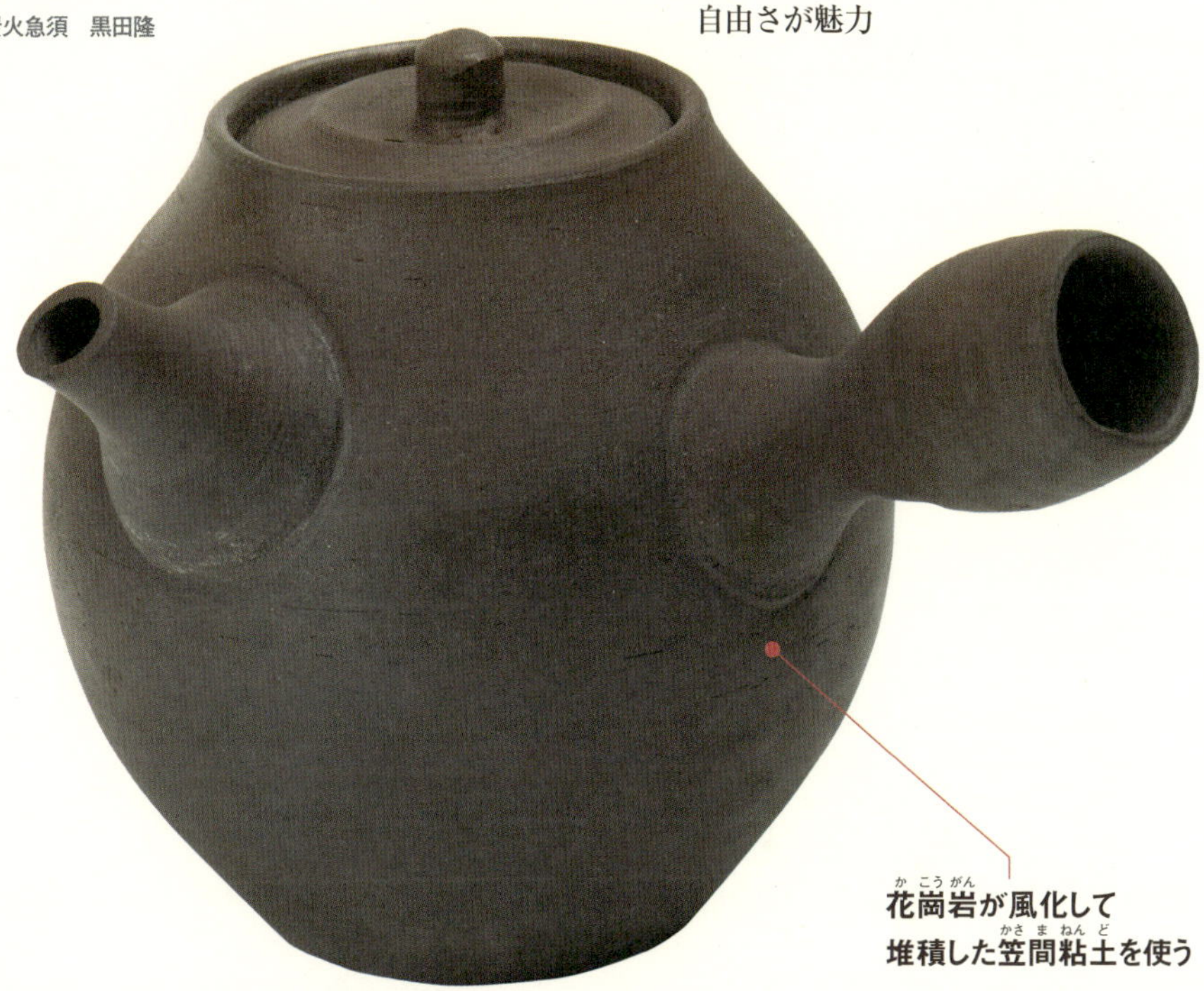

花崗岩《かこうがん》が風化して堆積した笠間粘土《かさまねんど》を使う

笠間のシンボル、製陶《せいとう》ふくだの巨大花瓶《かびん》。最大のものは高さ10.7m

所を設立し、陶芸《とうげい》団地を県内外の作家に開放。そんな笠間の自由な雰囲気に、新しい創造をこころざす多くの作家が集まってきた。

現代は、伝統的な器《うつわ》、先鋭的《せんえいてき》なアート作品など、百花繚乱《ひゃっかりょうらん》のやきものの一大基地となっている。

全国の陶器市

── 掘りだしものを見つけよう ──

やきものの世界にもう一歩ふみこむためには、
産地に行くのもいい。陶器市では、
格安な器《うつわ》や珍しい器に出会える可能性も高い。
美術館・資料館や窯元《かまもと》めぐりを組みあわせて、
やきものの旅を楽しんでみては。

リピーターも多い有田陶器市

陶器市の日程	問い合わせ先	
有田陶器市（4月29日～5月5日） 佐賀県西松浦郡有田町　町内各所	有田商工会議所 0955-42-4111	有田《ありた》焼・伊万里《いまり》焼
秋の有田陶磁器まつり（11月23日前後4日間） 佐賀県西松浦郡有田町　町内各所	有田町役場企画商工観光課 0955-46-2500	
鍋島藩窯秋まつり（11月1日～5日） 佐賀県伊万里市大川内町大川内山	伊万里鍋島焼会館 0955-23-7293	
伝統工芸唐津焼展（9月中旬の連休） 佐賀県唐津市新興町　唐津市ふるさと会館アルピノ	唐津焼協同組合 0955-73-4888	唐津《からつ》焼
小鹿田焼民陶祭（10月第2週土日） 大分県日田市源栄町皿山	日田市商工労政課 0973-23-3111	小鹿田《おんた》焼
萩焼まつり（5月1日～5日） 山口県萩市椿　萩市民体育館	萩商工会議所 0838-25-3333	萩《はぎ》焼
備前焼まつり（10月第3日曜とその前日） 岡山県備前市伊部　備前焼伝統産業会館・伊部駅周辺	備前焼陶友会 0869-64-1001	備前《びぜん》焼
京都・山科・清水焼団地陶器まつり （7月第4週金土日）京都市山科区川田　清水焼団地	清水焼団地協同組合 075-581-6188	京《きょう》焼
五条坂陶器まつり（8月7日～10日） 京都府京都市東山区五条通　南北歩道	陶器まつり運営協議会 075-541-1192	

	陶器市の日程	問い合わせ先
信楽《しがらき》焼	**信楽陶器まつり**（10月体育の日をふくむ3連休） 滋賀県甲賀市信楽町　陶芸の森・甲賀市役所信楽支所周辺	信楽焼振興協議会 0748-83-1755
伊賀《いが》焼	**伊賀焼陶器まつり**（7月最終週金土日） 三重県伊賀市阿山　あやまふれあい公園すぱーく阿山	伊賀焼陶器まつり実行委員会 0595-44-1701
瀬戸《せと》焼	**せと陶祖まつり**（4月第3日曜とその前日） 愛知県瀬戸市　市街地、赤津地区など市内各地	大せともの祭協賛会 （瀬戸商工会議所内） 0561-82-3123
	せともの祭（9月第2土曜とその翌日） 愛知県瀬戸市　市街地、赤津地区など市内各地	
常滑《とこなめ》焼	**常滑焼まつり**（8月第4週土日） 愛知県常滑市　常滑競艇場・セラモール	常滑焼まつり協賛会 （常滑商工会議所内） 0569-34-3200
美濃《みの》焼	**多治見陶器まつり**（4月第2週土日） 岐阜県多治見市　本町オリベストリート周辺	多治見陶磁器 卸商業協同組合 0572-25-5588
	たじみ茶碗まつり（10月体育の日とその前日） 岐阜県多治見市旭ヶ丘　多治見美濃焼卸センター	美濃焼卸センター協同組合 0572-27-7111
	土岐美濃焼まつり（5月3日～5日） 岐阜県土岐市泉北山町　土岐美濃焼卸商業団地	協同組合 土岐美濃焼卸センター 0572-55-1322
九谷《くたに》焼	**九谷茶碗まつり**（5月3日～5日） 石川県能美市寺井町	石川県陶磁器 商工業協同組合 0761-58-6656
	九谷陶芸村まつり（11月3日前後3日間） 石川県能美市泉台町　九谷陶芸村	九谷焼団地協同組合 0761-58-6102
益子《ましこ》焼	**益子陶器市**（ゴールデンウィーク） 栃木県芳賀郡益子町　町内各所	益子町観光協会 0285-70-1120
笠間《かさま》焼	**笠間の陶炎祭《ひまつり》**（4月29日～5月5日） 茨城県笠間市笠間　笠間芸術の森公園	笠間焼協同組合 0296-73-0058
	匠のまつり（11月3日前後の4日間） 茨城県笠間市笠間　笠間芸術の森公園	笠間観光協会 0296-72-9222

＊開催日や場所などを確認してお出かけください。

ちょっと一息、やきものコラム

やきもの産地相関図

キーワードで大づかみする

やきもののプロには、いまの時代、産地にこだわるのはナンセンス、という人が多い（→P.116）。とはいえ、初心者としては、産地名を知ると、なんとなく安心するのも事実。

下の図は、P.50〜83でとりあげたやきものの産地を、特徴をあらわすキーワードでくくったもの。初心者が、広く深いやきものの世界の大枠《おおわく》をとらえるさい、参考になるだろう。

産地の相関図

各産地の伝統的・典型的なやきものについて、6つのキーワードでカテゴライズした

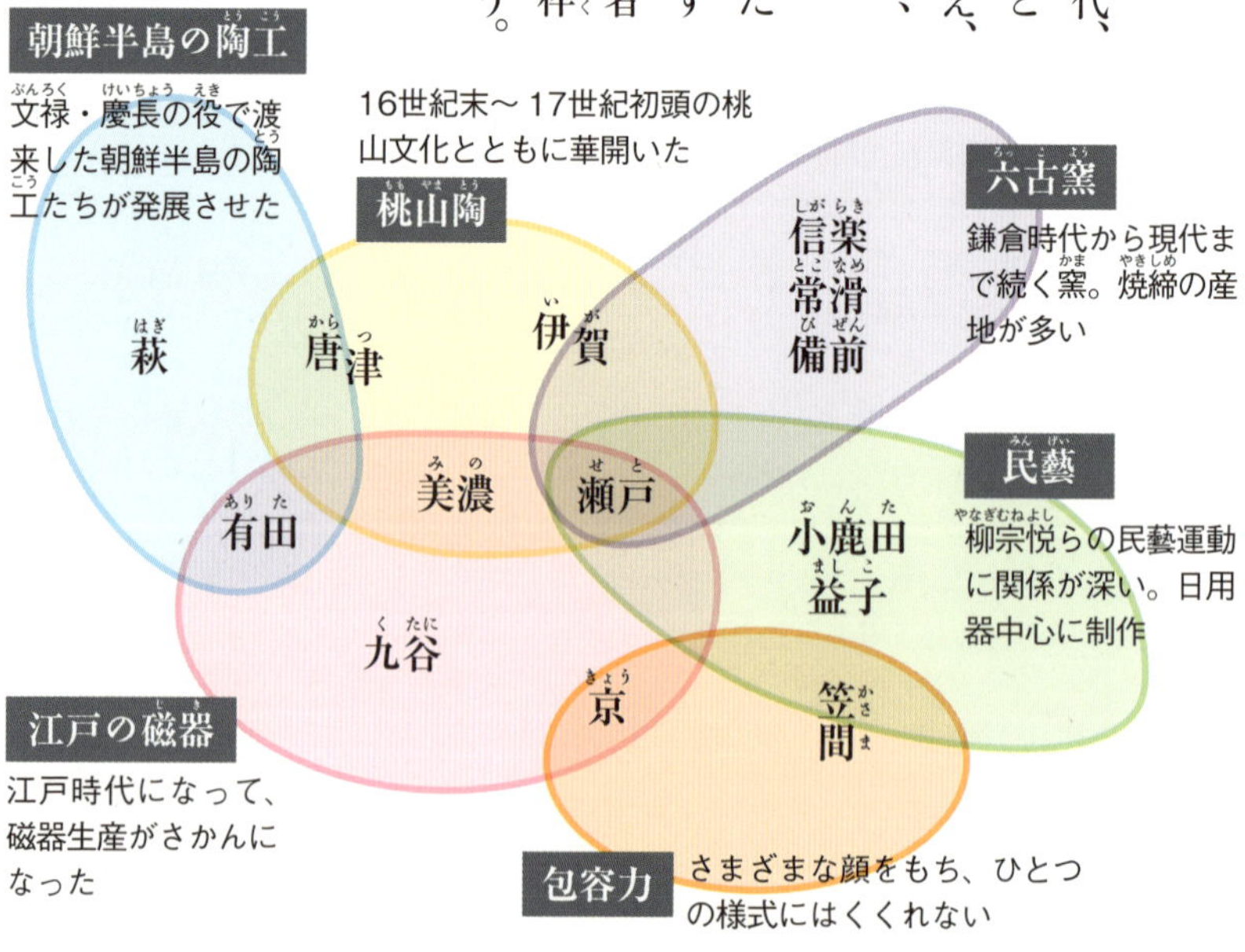
朝鮮半島の陶工《とうこう》
文禄《ぶんろく》・慶長《けいちょう》の役《えき》で渡来した朝鮮半島の陶《とう》工《こう》たちが発展させた
16世紀末〜17世紀初頭の桃山文化とともに華開いた
桃山陶《ももやまとう》
六古窯《ろっこよう》
鎌倉時代から現代まで続く窯《かま》。焼締《やきしめ》の産地が多い
萩《はぎ》
唐津《からつ》
伊賀《いが》
信楽《しがらき》
常滑《とこなめ》
備前《びぜん》
美濃《みの》
瀬戸《せと》
有田《ありた》
民藝《みんげい》
柳宗悦《やなぎむねよし》らの民藝運動に関係が深い。日用器中心に制作
小鹿田《おんた》
益子《ましこ》
九谷《くたに》
京《きょう》
笠間《かさま》
江戸の磁器《じき》
江戸時代になって、磁器生産がさかんになった
包容力
さまざまな顔をもち、ひとつの様式にはくくれない

3章

やきもの史に輝く作家たち

── 日本のやきもののなりたち ──

やきものの歴史は、
作家たち、陶工たちの試行錯誤の歴史。
大きな足跡を残したキーパーソンのやきものを通して
日本のやきもののあゆみに思いをはせてみたい。

古田織部

—ふるた・おりべ—

〔1544〜1615／美濃生〕

アート・ディレクターとしてやきもの界に革命を起こす

桃山武将のパワーで独創的な茶碗《ちゃわん》や器《うつわ》を創造

「織部焼《おりべやき》」や「織部釉《おりべゆう》」に名を残す古田織部。陶工《とうこう》ではないが、日本のやきものに新しい美意識をもたらした革命家、ディレクターだ。

千利休《せんのりきゅう》に「わび茶」を学ぶが、織部の好みは、利休の斬新《ざんしん》だが静かな美と対照的。中国や南蛮《なんばん》の文化と「わび」が融合した、動的で奔放《ほんぽう》な美だ。

織部は、美濃《みの》地方の窯《かま》を自ら指導。のちに「織部」と呼ばれるやきものが生まれる（→P.73）。以前からあった志野《しの》や黄瀬戸《きぜと》の技法でも、独創的な器《うつわ》を創造した。器のゆがみやヒ

織部の好みは「破格《はかく》の美」

黒織部茶碗《くろおりべちゃわん》

へうげもの（風変わりなもの、ひょうきんなもの）を好んだ織部。大胆な柄、力強い造形は桃山の気風でもある

黒織部茶碗　電燈所　た禰コレクション
多治見市蔵

平安貴族の沓《くつ》に似た形（沓形）

ビも、飾らぬ自然の美だと、積極的に評価したことも知られる。

茶人であり、信長、秀吉、家康に仕えた武士でもあった織部。晩年は二代将軍秀忠《ひでただ》に茶を指南。「天下一の（茶の湯の）宗匠《そうしょう》*」といわれたが、大坂夏の陣で豊臣方に通じた疑いで切腹を命じられ、七十二歳で没した。

＊宗匠＝技芸などの師匠

やきもの
こぼれ話

城や国より高い「名物《めいぶつ》」

優れた茶道具を「名物」という。戦国時代には、茶入《ちゃいれ》や茶碗など、何時も携帯しやすい名物が、財産として重宝された。城や国以上の価値をもつものもあり、武士の恩賞としても使われた。

あの信長も、無類の名物好きだった。本能寺《ほんのうじ》では、唐物《からもの》や高麗物《こうらいもの》などの百億円相当の名物とともに散ったという。織部の独創性や目利《めき》きの力には、20年余信長に仕えたことが大きく影響している。

緑の織部釉と
鉄絵《てつえ》の幾何学《きかがく》文様

青織部向付《あおおりべむこうづけ》

「向付」は、懐石《かいせき》料理（茶の前に出す軽い料理）に用いる小鉢《こばち》。織部は食器でもいろいろユニークな形を創造した

青織部向付　電燈所 た禰コレクション 多治見市蔵

角形の筒に足が付く
革新的な形の器

本阿弥光悦

―ほんあみ・こうえつ―

〔1558〜1637／京都生〕

マルチな才能で豪快さと王朝美を自由に表現した

琳《りん》派《ぱ》のさきがけとして 都のはずれで気ままに創作

本阿弥光悦は、安土桃山〜江戸初期に活躍した町人出身の芸術家。教養豊かで、書をはじめ、幅広い分野にマルチな才能を発揮した。「琳派（→P.95）」の源流でもある。

光悦は、生家業の刀剣の鑑定を通して、目利《めき》きの力や豊富な人脈をやしなう。茶を習ったのは、天下一の宗匠《そうしょう》古田《ふるた》織部《おりべ》。また、千利休《せんのりきゅう》とかかわりの深い樂家《らくけ》の常慶《じょうけい》、道入《どうにゅう》親子に陶芸《とうげい》の手ほどきを受けた。

織部が死んだ1615年に、家康から京都のはずれ、鷹ヶ峰《たかがみね》の地を拝

光悦の華麗なる人脈

陶芸、書に加え、蒔絵《まきえ》、庭づくりなどもこなした
日本のミケランジェロ、光悦。周囲には優秀な人材が大勢いた

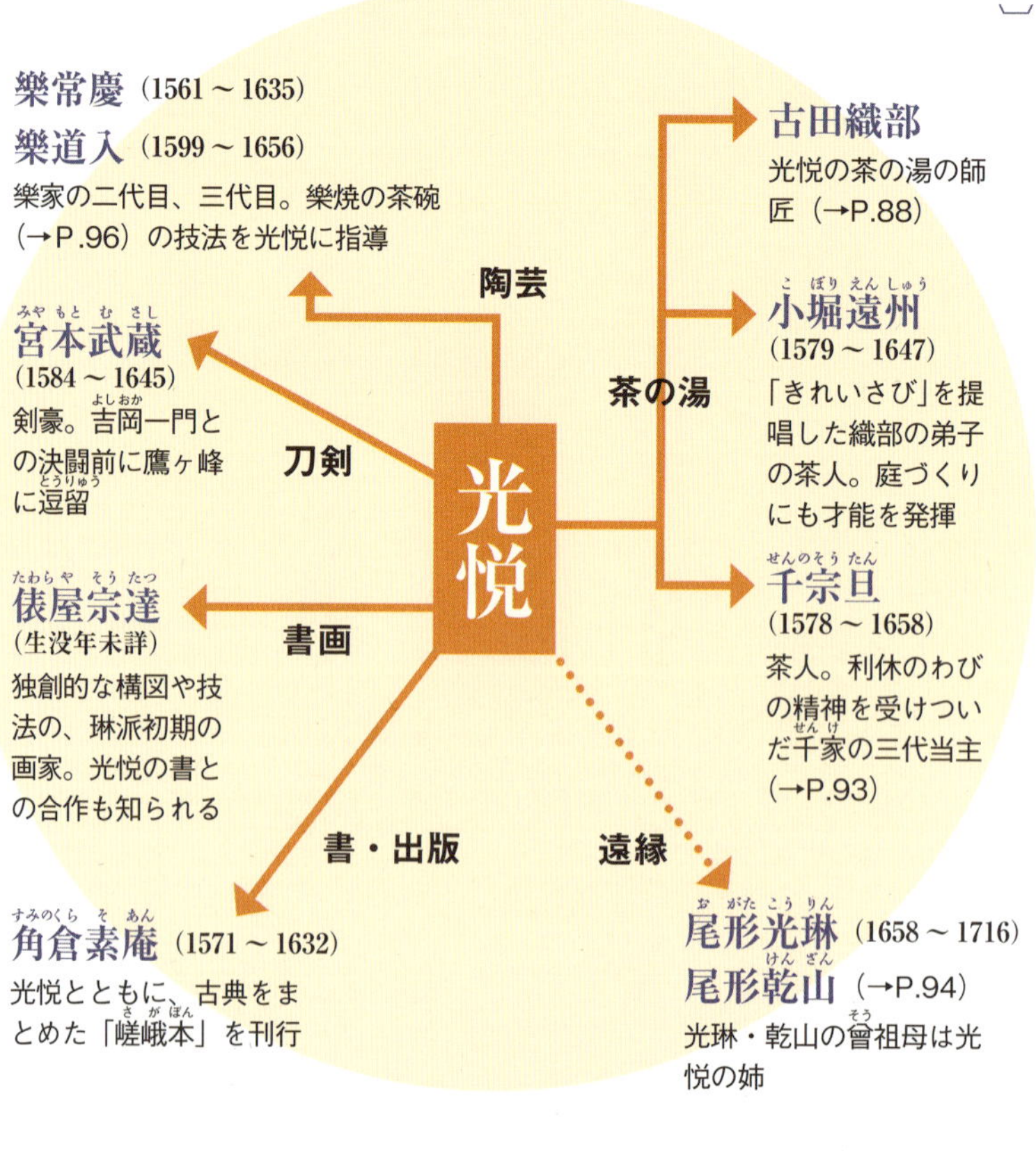

光悦
陶芸
樂常慶（1561〜1635）
樂道入（1599〜1656）
樂家の二代目、三代目。樂焼の茶碗（→P.96）の技法を光悦に指導
刀剣
宮本武蔵《みやもとむさし》
（1584〜1645）
剣豪。吉岡《よしおか》一門との決闘前に鷹ヶ峰に逗留《とうりゅう》
書画
俵屋宗達《たわらやそうたつ》
（生没年未詳）
独創的な構図や技法の、琳派初期の画家。光悦の書との合作も知られる
書・出版
角倉素庵《すみのくらそあん》（1571〜1632）
光悦とともに、古典をまとめた「嵯峨本《さがぼん》」を刊行
茶の湯
古田織部
光悦の茶の湯の師匠（→P.88）
小堀遠州《こぼりえんしゅう》
（1579〜1647）
「きれいさび」を提唱した織部の弟子の茶人。庭づくりにも才能を発揮
千宗旦《せんのそうたん》
（1578〜1658）
茶人。利休のわびの精神を受けついだ千家《せんけ》の三代当主（→P.93）
遠縁
尾形光琳《おがたこうりん》（1658〜1716）
尾形乾山《けんざん》（→P.94）
光琳・乾山の曾《そう》祖母は光悦の姉

領。こののち、本格的に作陶《さくとう》を開始した。多くの工芸家とともに、死ぬまで芸術中心の生活を送る。

光悦は陶芸の専門家ではない。樂《らく》焼《やき》*や志野焼《しのやき》（→P.73）にならいながら、決まりごとにしばられず、自由に作陶。雅《みやび》さと豪快さをあわせもつ、美しい茶碗《ちゃわん》を生んだ。

＊樂焼＝千利休の依頼で、樂長次郎がはじめたやきもの。手びねりで成形、低温で焼く

やきもの
こぼれ話

やきものの「銘《めい》」って何?

器《うつわ》の裏に描かれた作家や窯《かま》の名前。「銘」という。では、「銘　時雨《しぐれ》」の場合の「銘」は？　「時雨」の文字が器に描かれているわけではないし、光悦の異名というわけでもないようだが……。

「銘」は、本来は器物に名前を刻むこと。のちに、「時雨」「不二山《ふじさん》」などのように、器の形状や景色（→P.122）の特徴、由来、作家やもち主の逸話《いつわ》などからつける愛称のことも、「銘」というようになった。

「銘」がつけられることで、特別な美意識が生まれ、器の価値が高まることも多い。

門外漢ならではの自由な造形

目立たない
低めの高台
焼成《しょうせい》で生じたヒビが
風情をだしている

黒樂茶碗《くろらくちゃわん》　銘《めい》　時雨《しぐれ》

丸くやさしくふくらんだ樂焼の茶碗。光悦が制作した茶碗はすべて手びねり（→P.129）によるもの

黒樂茶碗　銘 時雨　名古屋市博物館蔵

野々村仁清

—ののむら・にんせい—

〔生没年未詳／丹波国生〕

華麗な色絵とたくみな成形が京焼の手本となる

成形《せいけい》にも絵付《えつけ》にも稀代の名工の才を発揮した

仁清は俗名を「清右衛門《せいえもん》」という。京都の仁和寺《にんなじ》の門前に窯《かま》を開き、仁和寺の御用品を多く焼いたため、「仁清」の号*を用いたという。その後の京《きょう》焼のひな形をつくった。

丹波《たんば》焼の陶工《とうこう》だった仁清は、京都の粟田口《あわたぐち》や瀬戸《せと》で、茶入《ちゃいれ》などの制作技術を身につけた。のち京都にもどり、茶人金森宗和《かなもりそうわ》に指導を受ける。仁和寺や宗和の注文による高級茶器や、公家の子女が使う色絵の陶器《とうき》などを多く制作した。

仁清の器《うつわ》でまず印象的なのは、京

王朝絵巻のような色絵の陶器

色絵花笠香合《いろえはなかさこうごう》

繊細な造形、華麗な色づかいと文様で、洗練された雰囲気の香合（茶の湯などで用いる香料を入れる蓋付《ふたつき》の容器）

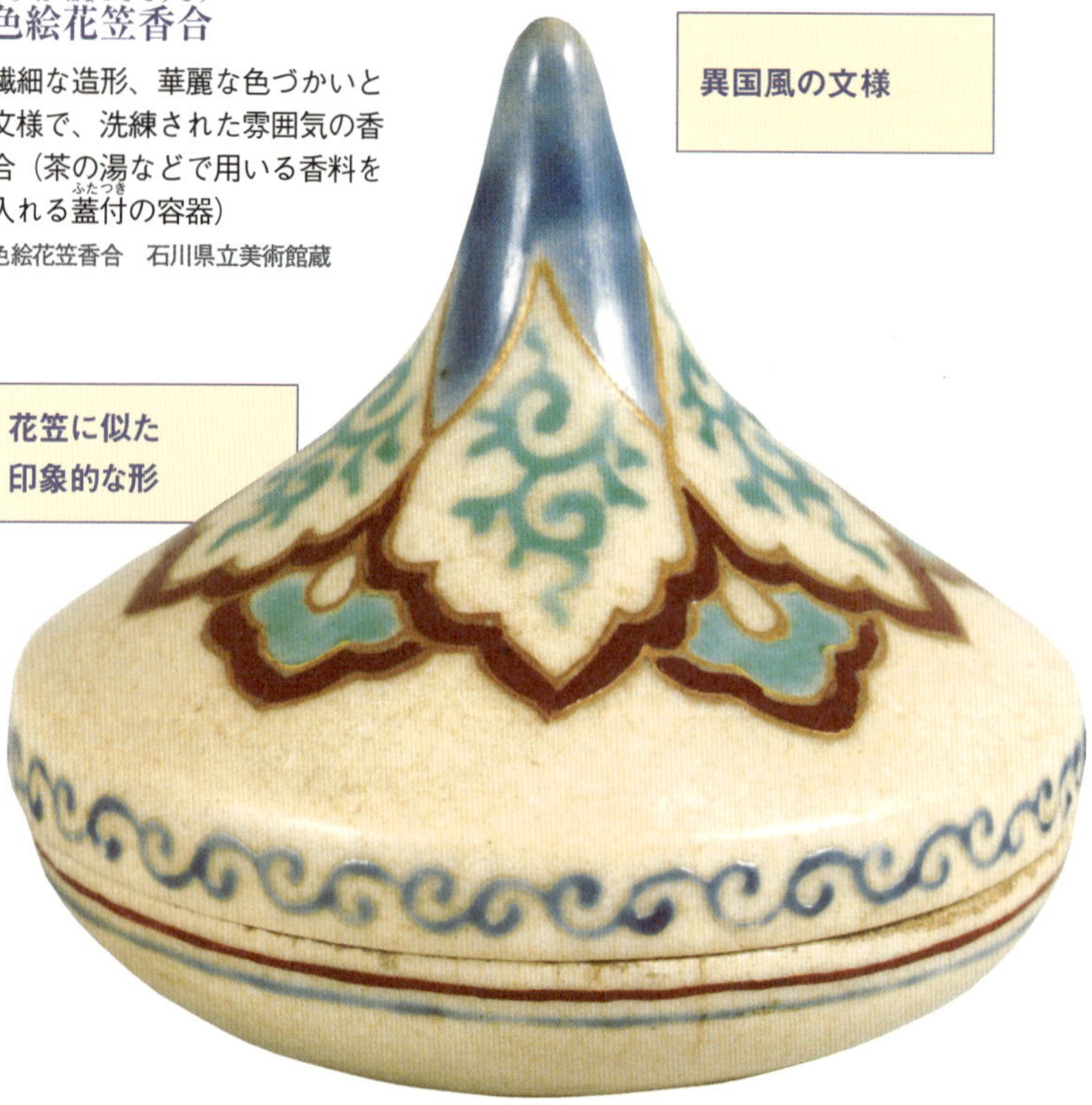

色絵花笠香合　石川県立美術館蔵

の優雅さそのものの美しい絵付だ。狩野派《かのうは》など、すぐれた絵師の下絵をもとにしたといわれる。

仁清には、特に茶壺《ちゃつぼ》（茶葉を貯蔵する大きい壺）に名品が多い。これらの茶壺は、大きさの割にきわめて薄く、軽い。仁清のろくろ技術のたくみさがわかる。

＊号＝本名以外につける風流な名前

やきもの
こぼれ話

仁清の茶器は姫様好み

江戸の初期には、2人の茶人が人気を二分した。ひとりは、公家と親交が深かった金森宗和。もうひとりは、千利休《せんのりきゅう》の孫、千宗旦《せんのそうたん》。いまの表千《おもてせん》家《け》、裏千家《うらせんけ》、武者小路千家《むしゃのこうじせんけ》の祖だ。

「わび茶」をきわめた宗旦の理想は、そぎ落とした美。一方宗和は、後世「姫宗和」と呼ばれたほど雅《みやび》やかな美を好んだ。仁清の茶器は、宗和の格調高い公家風の好みを反映したものだ。

卓越したろくろ技術で
薄く、軽く成形

色絵吉野山図茶壺《いろえよしのやまずちゃつぼ》

金彩《きんさい》や銀彩《ぎんさい》をふんだんに用いて、桜の名所吉野山の春を表現している

色絵吉野山図茶壺（重文）　福岡市美術館蔵（松永コレクション）

尾形乾山

—おがた・けんざん—

〔1663~1743／京都生〕

琳派の洗練された作風が都の町衆を喜ばせる

美しいデザインはあくなき探求心から生まれた

乾山は、野々村仁清《ののむらにんせい》とならぶ京《きょう》焼の巨匠。京の呉服商の家に生まれ、兄の尾形光琳《おがたこうりん》とともに、若いうちから書や和漢の教養を身につける。父の死後、二十七歳で仁和寺《にんなじ》の近くに隠棲《いんせい》。ここで仁清と出会い、仁清の指導で作陶《さくとう》をはじめた。

「乾山」は号*だ。1699年、はじめて窯《かま》を設けた鳴滝《なるたき》の地が、京都の北西（乾《いぬい》）にあることにちなむ。

1712年には洛中の二条丁子屋町に移り、向付《むこうづけ》や鉢《はち》、猪口《ちょこ》など、多彩な食器を制作。大胆な筆づかいと

対照的な師匠仁清と弟子乾山

仁清とならぶ、京焼の源流、乾山。
師弟の作風や境遇はかなり異なる

師

仁清（→P.92）

- 丹波国《たんばのくに》生まれの根っからの職人
- 瀬戸《せと》などで修業を積む
- 茶器中心に制作
- 狩野派風の絢爛《けんらん》豪華な色絵

弟子

乾山

- 京都の裕福な町人の出
- 隠遁《いんとん》生活のかたわら作陶
- 高級食器中心に制作
- 琳派の大胆な構図、絵付

構図の絵付《えつけ》が元禄の町人に喜ばれた。
乾山の器《うつわ》の特徴は、斬新《ざんしん》な色彩感覚と構図。これらは、朝鮮や中国、ベトナム、オランダなどのやきもののどん欲な研究や、色絵《いろえ》、染付《そめつけ》、銹《さび》絵《え》（鉄絵《てつえ》）などの技法に対する独自の工夫から生まれたもの。いまも色あせない独創性がある。

＊号＝本名以外につける風流な名前

やきもの
こぼれ話

日本の美術工芸を代表する「琳派《りんぱ》」

乾山のやきものに光るデザイン性。乾山は、100年ほど前活躍した遠戚、本阿弥光悦《ほんあみこうえつ》（→P.90）の樂焼《らくやき》の技法書から、陶芸《とうげい》に興味をもったといわれる。乾山の兄の光琳も、光悦や俵屋宗達《たわらやそうたつ》の作品に感銘を受け、流麗な画風を確立していった。

光琳や乾山、光悦、宗達、のちの酒井抱一《さかいほういつ》、鈴木其一《すずききいつ》らの、自由闊達《かったつ》なデザイン性の高い作風は、光琳の一字をとり「琳派」と呼ばれている。

書画一体となった皿

絵を描きやすいよう
平らに成形、白く塗る

余白が生きた
デザイン

**銹絵楼閣山水絵《さびえろうかくさんすいえ》
四方皿《よほうざら》**

白土で化粧した器に、銹絵（鉄絵）で絵を描き、透明《とうめい》釉《ゆう》をかけて焼いている。兄光琳と共同制作の四方皿も数多い

銹絵楼閣山水絵四方皿　京都府立総合資料館蔵（京都文化博物館管理）

茶の湯とやきもの

茶の湯は、平安時代末期、禅僧栄西《えいさい》が中国から伝えた喫茶の習慣が、武人、町人へと広まったもの。室町〜江戸時代初期は、茶の湯によって、やきものが大きくあゆみを進めた時代だ

美意識の変化がやきものの形を変える

「唐物《からもの》」が最高

茶の湯の誕生

室町中期、技芸としての「茶の湯」が成立。天目茶碗《てんもくぢゃわん》や青磁《せいじ》などの唐物、唐物をまねて焼いた瀬戸《せと》焼などがおもに用いられた

「和物《わもの》」の茶陶誕生

「わび茶」の全盛

村田珠光《むらたじゅこう》、武野紹鷗《たけのじょうおう》に続き、千利休《せんのりきゅう》が「わび茶」を完成。高麗物《こうらいもの》や日本の焼締《やきしめ》が評価される。利休が瓦職人樂長《らくちょう》次郎《じろう》に焼かせた茶碗が、新しい「和物」の美を示す

「和物」の多様化

「へうげもの」と「きれいさび」

古田織部《ふるたおりべ》の「へうげもの」、小堀遠州《こぼりえんしゅう》の「きれいさび」など、新しい茶風が誕生。茶人の美意識に合う茶陶《ちゃとう》の制作が各地でさかんに

●おもな抹茶《まっちゃ》茶碗の形

天目形

井戸《いど》形

椀形《わんなり》

半筒《はんづつ》形

朝顔形（平形）

樂焼、美濃《みの》焼や瀬戸《せと》焼、渡来した朝鮮半島の陶工《とうこう》が発展させた唐津《からつ》焼や萩《はぎ》焼、雅《みやび》な京《きょう》焼など、多様な和物が生まれた

茶器はやきもののオンパレード

千利休のころから、和物中心になった茶器。
茶の湯専用に焼かれたもののほか、
信楽《しがらき》焼や備前《びぜん》焼などの日用器を水指《みずさし》などに見立てることも、さかんに行われた

風炉《ふろ》

釜をかけて湯をわかすための道具。素焼《すやき》を黒く磨きあげたものが多い

水指

釜に足したり茶碗などをすすいだりする水を入れる。焼締《やきしめ》や陶器《とうき》が多い

茶碗

樂焼、萩焼、唐津焼のほか、美濃焼など各地のものが使われる

茶入《ちゃいれ》

濃茶《こいちゃ》を入れる器。瀬戸焼がよく使われる

建水《けんすい》

茶碗をすすいだ水を捨てる器。ほとんど金属製だが、陶磁器《とうじき》の場合も

初代 酒井田柿右衛門

—さかいだ・かきえもん—

〔1596〜1666／肥前有田生〕

色絵磁器の焼成に日本ではじめて成功した

中国の技術をもとに優雅な日本の美を生みだす

初代酒井田柿右衛門は、日本ではじめて色絵《いろえ》の絵付《えつけ》に成功したと伝わる陶工《とうこう》。白素地《きじ》に色彩豊かに絵付する色絵磁器《じき》は、仁清《にんせい》の色絵陶器《とうき》（↓P.92）とともに、日本のやきものにあでやかな絵画の美をもたらした。

酒井田柿右衛門家に伝わる古文書《こもんじょ》『赤絵《あかえ》はじまりの覚《おぼえ》』には、伊万里《いまり》の商人が長崎滞在中の中国人から赤絵（色絵）の技法を学んだことや、依頼を受け、初代柿右衛門が試行錯誤の末、赤絵の焼成《しょうせい》に成功、国内外に売ったことが記されている。

乳白色に映えるやわらかな色絵

「濁し手」が活きる
余白の多い構図

色絵花鳥文皿《いろえかちょうもんざら》

「濁し手」という乳白色の素地に、上品な色彩で花鳥文様を描いている

色絵花鳥文皿（柿右衛門様式）　佐賀県立九州陶磁文化館蔵

発されたのが、「濁《にご》し手《で》」と呼ばれる素地（→P.52）。17世紀末、柿右衛門窯《がま》を中心とする有田《ありた》の陶工たちが、青みをとりのぞいた乳白色の濁し手の焼成に成功。これに余白を活かして優美な色絵を絵付する「柿右衛門様式」は、一世を風靡《ふうび》した。

やきもの
こぼれ話

オランダ人に鍛《きた》えられた技術

17世紀半ば、オランダの東インド会社は、政情不安におちいった中国に代わる磁器輸入先として、隣国日本の「伊万里《いまり》」に目をつけた。エキゾチックな染付《そめつけ》や豪華な金襴手《きんらんで》（→P.52）は、西洋の貴族たちに大人気となった。

柿右衛門様式の真っ白な素地は、「より白く」という、東インド会社からの注文にこたえて生まれたものだ。

柿右衛門様式と柿右衛門窯の歴史

柿右衛門様式は、酒井田柿右衛門窯を中心とする
有田の陶工たちが完成させたといわれる。
おもに輸出向けだった

1597	鍋島直茂《なべしまなおしげ》、朝鮮半島から陶工を連れ帰る
1610ごろ	有田西部で日本初の磁器が焼成される
1616	朝鮮半島の陶工李参平《りさんぺい》、有田の泉山《いずみやま》で陶石を発見
1635ごろ	初代柿右衛門、有田皿山《さらやま》で窯を開く
1640年代	初代柿右衛門、日本初の色絵磁器を制作
1647	色絵磁器を加賀藩やオランダに売る
1650年代	東インド会社から磁器の注文を受ける
1670～1690ごろ	柿右衛門様式の流行（四代～五代柿右衛門のころといわれる）
●	
●	
1953	十二代柿右衛門、濁し手の素地を復元

酒井田家の当主は、「柿右衛門」の名を代々伝える。現在の当主は十四代

色絵花鳥文六角壺《いろえかちょうもんろっかくつぼ》

六枚の板を組みあわせて成形《せいけい》。ドイツのマイセン窯などにこれをまねたものがある

色絵花鳥文六角壺（柿右衛門様式）
佐賀県立九州陶磁文化館蔵

十二代

今泉今右衛門

—いまいずみ・いまえもん—

（1897～1975／佐賀県有田町生）

色鍋島の最高の技術をよみがえらせる

祖父と父の意志をつぎ、今右衛門の窯《かま》を築く

今泉今右衛門家は、有田赤絵町《ありたあかえまち》にあった十六軒限定の鍋島藩窯《なべしまはんよう》の御用赤絵屋のひとつ。明治になり、廃藩置県で藩の保護を失った十代今右衛門は、窯の存続のため、素地《きじ》から絵《え》付《つけ》まで一貫した制作をはじめる。

明治後期に生まれた十二代今右衛門は、父の十一代とともに伝統的な色鍋島《いろなべしま》の美の再現に尽力《じんりょく》。経済的、技術的な苦難を乗りこえ、江戸元禄期の色鍋島の技法をよみがえらせた。

１９４８年の襲名《しゅうめい》後は保存会を設立。色鍋島の保存に力を注いだ。

色鍋島の様式美をみごとに再現

精巧《せいこう》な成形《けい》と
気品あるデザイン

色鍋島更紗文額皿《いろなべしまさらさもんがくざら》

「鍋島更紗《なべしまさらさ》」という古い布地からヒントを得た一面の文様が美しい。鍋島様式の磁器《じき》の色絵のものを「色鍋島」と呼ぶ

色鍋島更紗文額皿　今右衛門蔵

色絵《いろえ》三瓢文皿《さんびょうもんざら》

色鍋島には大胆な構図のものが多い。染付《そめつけ》の青と、赤、黄、緑で彩色する

色絵三瓢文皿　佐賀県立九州陶磁文化館蔵

有田・鍋島様式のあゆみ

鍋島は、一般庶民は目にしない最高級品だった。明治維新ののち、藩の保護は失われたが、現代の器《うつわ》の中に伝統を伝えている

江戸時代

門外不出の技術で御用品を焼く

1675年、鍋島藩は、大川内山《おおかわちやま》で成形、有田の赤絵町で絵付という分業体制を確立。技術が漏《も》れないよう厳しい管理下におかれた最高の陶工《とうこう》が、最高水準の御用品、献上品を制作した

明治維新で
鍋島藩窯制度廃止

明治時代～現在

有田今右衛門窯で継承

1873年、十代今右衛門が素地～絵付の一貫生産を開始。以後、今右衛門窯は一般向けの器や宮内庁御用達品《ごようたし》などを焼く。大川内山でも絵付まで行うようになった（→P.53・伊万里《いまり》焼）

現代の今右衛門窯の作品。モダンなデザインにも色鍋島の技と美が

果実文絵変り銘々皿　今右衛門窯　A

北大路魯山人

—きたおおじ・ろさんじん—

〔1883〜1959／京都生〕

食と器の最高のハーモニーを追いもとめる

料理を活かす理想の器《うつわ》をもとめて作陶《さくとう》した

書家として知られた魯山人が陶芸《とうげい》にめざめたきっかけは、加賀の山代《やましろ》温泉で、地元の漢学者に、自作の器で料理を供されたこと。美しく調和した器と料理でのもてなし。魯山人の生涯のテーマとなった。

1925年、赤坂に料亭「星岡茶寮《ほしおかさりょう》」を開店。素材調達、料理の演出、店員の教育の一切をとりしきる。翌年には店の器を自ら焼こうと、北鎌倉の自宅に窯《かま》を築いた。全国から著名な作家や職人を集め、古陶磁《ことうじ》を手本に、さまざまな器を制作する。

古陶磁にならった多様な作風

理想の器をもとめてあらゆる手法をこころみた魯山人。中国や日本の古陶磁から美の神髄《しんずい》をくみとり、魯山人ならではの器を新たにつくりだした

焼締《やきしめ》

美の源泉は自然の中にあるとの信念で、土の風合い豊かな備前、信楽《しがらき》、伊賀《いが》などの焼締で、まな板皿などを制作

織部《おりべ》・黄瀬戸《きぜと》

美濃《みの》の古陶の力に打たれ、黄瀬戸、志野《しの》、織部などを制作。1930年には荒川豊蔵《あらかわとよぞう》（→P.73）の美濃古窯《こよう》調査に協力

色絵

九谷焼や中国の明朝《みんちょう》末期の色絵磁器「呉須赤絵《ごすあかえ》」の技法にならい、赤や金を使った繊細な向付《むこうづけ》などを制作

染付《そめつけ》

九谷《くたに》焼の作家初代須田菁華《すだせいか》に技法を学ぶ。中国の染付磁器の美しさにひかれ、「福」の書を染め付けた皿などを制作

「器は料理の着物」が持論の魯山人は、まな板皿、隅切《すみきり》、木の葉皿など多くの器を考案。漬け物には金彩《きんさい》や色絵《いろえ》の磁器《じき》、高級な料理には素朴な土ものを用いるなど、素材を活かすとりあわせにも独創性を発揮した。

　晩年は料亭を辞め、陶芸に専念。生涯、旺盛な創作意欲をもち続けた。

やきもの
こぼれ話

リサイクルから生まれた名作

　魚のわたや野菜の皮も、残らず料理に活かしたという魯山人。陶芸でもむだをきらった。

　魯山人は、晩年、備前《びぜん》式の窯を自宅に築き、備前の土で作陶した。しかし、備前焼に不慣れな職人が焼いた器は、備前独特の風合いに乏しい失敗作。魯山人は、それらを捨てることなく、凝《こ》った銀彩《ぎんさい》をほどこしてみごとな器に再生した。魯山人を代表する名作のひとつとなっている。

「料理の着物」となる美しい色絵

繊細な色絵を
のびやかに描く

赤呉須向付《あかごすむこうづけ》

おおらかだが品のある赤と金が美しい。魯山人は赤には特に思い入れがあったという

赤呉須向付　魯山人寓居跡いろは草庵蔵

河井寛次郎

—かわい・かんじろう—

〔1890~1966／島根県生〕

釉の達人が生活の器の美にめざめた

「芸術家」でなく「職人」であることを望んだ

民藝《みんげい》運動《うんどう》（→P.106）の中心となった陶芸家《とうげいか》河井寛次郎《かわいかんじろう》は、最初は、中国古陶磁《ことうじ》の釉や技法にならった美術的な作風で、高く評価されていた。

後輩の濱田庄司《はまだしょうじ》や柳宗悦《やなぎむねよし》との交流を経て、大正末期から、「民藝」に通じる、実用的な器《うつわ》を制作する。

寛次郎は、作品に銘《めい》（→P.91）を打たない。「作家」と呼ばれることを好まず、無名の職人の仕事にも美がある、と考えた。戦後、より自由な造形の作品を発表するようになっても、生涯民藝の理念をもち続けた。

卓越した技で「用の美」を表現

辰砂《しんしゃ》の赤、呉須《ごす》の青、
鉄の茶の3つの釉を使いこなす
型で成形している

白地草花絵扁壺《しろじくさばなえへんこ》

白い化粧土《けしょうど》に赤、青、茶の草花文様が凜《りん》としたたたずまい。「用の美」を意識した中期を代表する作品

白地草花絵扁壺　河井寛次郎記念館蔵

濱田庄司

―はまだ・しょうじ―

〔1894〜1978／神奈川県生〕

益子に根ざした作陶活動から名作を生みだす

英国で見た「良き生活者」にあこがれて益子《ましこ》へ

河井寛次郎から二年遅れて京都市立陶磁器試験場に就職した濱田庄司は、留学先の英国で、土地に根ざして制作する芸術家の生活に触れる。帰国後、無名の産地だった益子に生涯の居を定め、益子の土と窯《かま》で作陶《さくとう》して、英国で見た「良き生活者」の暮らしを実践した（→P.80）。

　寛次郎とともに参加した民藝運動の普及活動では、沖縄など国内外を訪問。各地で学んださまざまな技法が、益子で焼く作品に活かされた。

土の欠点を逆手に作風を確立

ひしゃくで
釉を流しかける

「15秒プラス60年」と
自ら評した一瞬の技法

白釉《はくゆう》黒《くろ》流描《ながしかけ》大皿《おおざら》

白釉（糠灰釉）を全体にほどこしたのち、黒釉を大胆に流しかける。益子の土の長所も短所も知りつくした庄司は、技法を工夫し、個性的な作品を生んだ

白釉黒流描大皿　益子参考館蔵

民藝運動とやきもの

「民藝《みんげい》」は、庶民の生活に根ざす工芸を指す造語。
美術評論家の柳宗悦《やなぎむねよし》は、民藝には、無心で健康的な「用《よう》の美《び》」があると主張。
各地の手仕事を再評価した民藝の斬新《ざんしん》な思想は、
日本の工芸に大きな影響を与えた。

民藝運動にゆかりの深いやきものの産地

柳宗悦は、河井寛次郎《かわいかんじろう》や濱田庄司《はまだしょうじ》らと、全国を旅して民藝の理念の普及に努めた。彼らの訪問をきっかけに復興した窯場《かまば》、運動に共鳴して誕生した窯場もある

楢岡《ならおか》焼
出西《しゅっさい》焼
湯町《ゆまち》焼
小石原《こいしわら》焼
会津本郷《あいづほんごう》焼
丹波《たんば》焼
瀬戸《せと》焼
益子《ましこ》焼
小代《しょうだい》焼
砥部《とべ》焼
小鹿田《おんた》焼
壺屋《つぼや》焼

1926年、柳、河井、濱田、富本憲吉《とみもとけんきち》は「日本民藝美術館設立趣意書」を発表、全国に民藝運動が広まる。36年に創設された日本民藝館は、国内外の工芸品を飾る

藍《あい》色の釉が美しくモダンな出西窯の器《うつわ》。1948年に開かれた出西窯は、河井、濱田、バーナード・リーチ（→P.57）らの指導を受けた

左から　呉須カップ＆ソーサー、呉須蓋物　2点ともE

民藝運動に触発されてはじまった砥部の梅山窯《ばいざんがま》の磁器《じき》。手づくり、手描きの磁器は親しみやすさが魅力

上から　そば猪口市松、そば猪口麦藁手、8寸染付皿　すべてE

やきものの歴史年表

中国や朝鮮から技術を学びながら、豊かに発展してきた日本のやきもの。独自のやきもの文化が大きく華開いたのは、安土桃山時代だ。

年代	年	おもなできごと	備考
縄文	BC15000	●縄文土器《じょうもんどき》が焼かれる	
弥生	BC300	●弥生土器《やよいどき》が焼かれる	●朝鮮から稲作と鉄器が伝来
	0		239 卑弥呼が魏に使いを送る
古墳	300	●土師器《はじき》が焼かれる ●古墳の副葬品として埴輪《はにわ》が大量に焼かれる	
	500	●須恵器《すえき》の生産がはじまる	538 仏教伝来
飛鳥		●日本最初の施釉陶器《せゆうとうき》が焼かれる	630 遣唐使はじまる
奈良	700	●奈良三彩《ならさんさい》が焼かれる	710 平城京がひらかれる
	800	●愛知県の猿投窯《さなげよう》で灰釉《かいゆう》陶器が焼かれる	794 平安京がひらかれる

世界初のやきものは縄文土器《じょうもんどき》

約15000年前から焼かれた縄文土器は、世界最古のやきもの。ひもづくり（→P.128）、野焼《のや》きの縄文土器は、もろいが、造形や文様は表情豊かだ。

5世紀には、朝鮮から須恵器《すえき》が伝来。ろくろ成形(→P.129)、穴窯《あながま》により、強度のある安定した形の祭器（祭礼に用いる道具、器《うつわ》）などが焼かれるようになった。

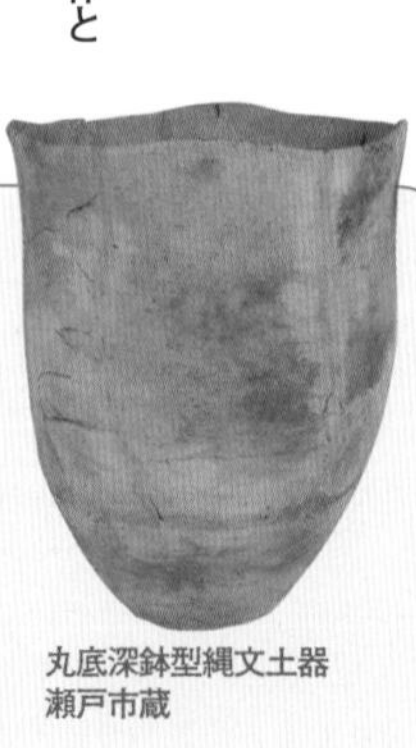

丸底深鉢型縄文土器
瀬戸市蔵

室町	鎌倉	平安

1500　1400　1300　1200　1100

● 常滑《とこなめ》焼がはじまる

● 備前《びぜん》焼・信楽《しがらき》焼・瀬戸《せと》焼などがはじまる

● 1191 禅僧栄西《えいさい》、中国から喫茶の習慣を伝える

● 瀬戸で施釉陶器の生産がはじまる

● お茶の習慣が広まり、天目茶碗《てんもくぢゃわん》などの唐物《からもの》（中国の陶磁器）が輸入される

● 瀬戸で唐物をまねた茶道具が焼かれる

● 1450ごろ 美濃《みの》で施釉陶器の生産がはじまる

● 茶の湯が流行

1192 鎌倉幕府が成立

1333 鎌倉幕府滅亡

1467 応仁の乱

鉄釉花唐草文仏花瓶　瀬戸市蔵

庶民には縁遠かった施釉陶器《せゆうとうき》

７世紀には、唐《とう》から釉《うわぐすり》の技術が伝来。正倉院《しょうそういん》には、緑、黄、白の「奈良三彩《ならさんさい》」という施釉陶器が残る。

瀬戸《せと》では、貴族や武士向けの灰釉《かいゆう》や鉄釉《てつゆう》の食器が生産されたが、庶民が使うのはもっぱら須恵器の流れをくむ焼締《やきしめ》の器。瀬戸をのぞく六古窯《ろっこよう》（→P.71）などで、壺《つぼ》、甕《かめ》、すり鉢《ばち》などがさかんに焼かれた。

年代	室町	安土桃山	江戸

1600

おもなできごと

1550ごろ 唐津《からつ》焼はじまる

1574 織田信長が禁窯令《きんようれい》（瀬戸以外での陶器生産を禁ずる）を発布

●このころ瀬戸《せと》の陶工《とうこう》が美濃《みの》に移動（瀬戸山離散《せとやまりさん》）

1586ごろ 千利休《せんのりきゅう》が樂長次郎《らくちょうじろう》に半筒形の茶碗を焼かせる（樂焼《らくやき》）

1587 豊臣秀吉が全国から茶人を集め、北野大茶会を開催

1597 朝鮮半島から陶工が渡来、唐津などで作陶をはじめる

1610ごろ 有田《ありた》で日本最初の磁器《じき》が焼かれる

1616 李参平《りさんぺい》、有田の泉山《いずみやま》で陶石《とうせき》を発見

1640ごろ 京で色絵陶器《いろえとうき》が焼かれる

1655ごろ 石川県の九谷《くたに》村で古九谷《こくたに》が焼かれる

1659ごろ 東インド会社を通して有田の磁器がヨーロッパに大量輸出される

野々村仁清

初代 酒井田柿右衛門

尾形乾山

本阿弥光悦

古田織部

備考

1543 鉄砲伝来

1573 室町幕府滅亡

1582 本能寺の変

1590 秀吉、日本全国を統一

1592 文禄の役（朝鮮出兵）

1597 慶長の役（朝鮮出兵）

1600 関ヶ原の戦い

1603 徳川家康、江戸に幕府を開く

1639 徳川家光、鎖国令を発布

青織部向付
電燈所　た禰コレクション　多治見市蔵

茶の湯と戦乱の世が革命をもたらす

茶の湯の隆盛とともに、やきものを鑑賞する文化が誕生。中国の茶陶《ちゃとう》をはじめ、信楽《しがらき》や備前《びぜん》の焼締《やきしめ》の雑器、朝鮮半島で庶民が用いた高麗茶碗《こうらいちゃわん》などが好まれた。

安土桃山期には日本独自の茶陶制作の機運が高まり、美濃で斬新《ざんしん》なやきものが誕生。文禄《ぶんろく》・慶長《けいちょう》の役《えき》を経て、唐津《からつ》などでも美しいやきものが焼かれた。

【やきもの歴史年表】

平成 | 昭和 | 大正 | 明治

2000 | 1900 | 1800 | 1700

1705 小鹿田《おんた》焼はじまる

1777 伊予国砥部《いよのくにとべ》（愛媛県）で磁器焼成に成功

1807 瀬戸で磁器焼成に成功／金沢で春日山窯《かすがやまがま》開窯（再興九谷）

1869 ドイツ人技師ワグネル、有田の陶工を指導

● 色絵磁器の輸出さかんになる

1909 英国人陶芸家バーナード・リーチ来日

1926 柳宗悦《やなぎむねよし》、河井寛次郎《かわいかんじろう》、濱田庄司《はまだしょうじ》らによる民藝運動が広まる

1964 国際陶芸展がはじめて日本で開催される

濱田庄司

河井寛次郎

北大路魯山人

十二代 今泉今右衛門

● 元禄文化が花開く（1688～1704）

1854 日米和親条約締結

1868 徳川幕府滅亡（明治維新）

1873 ウィーン万国博覧会

1914 第一次世界大戦はじまる

1939 第二次世界大戦はじまる

1970 日本（大阪）万国博覧会

磁器《じき》が主役におどりでる

江戸時代初頭、有田《ありた》で日本初の磁器が誕生。白く美しい「伊万里《いまり》」はヨーロッパで人気に。京都では、野々村仁清《ののむらにんせい》を皮切りに、華やかな陶器《とうき》や磁器が焼かれた。

江戸後期には各地で磁器生産がはじまり、庶民の暮らしにも磁器が浸透した。

成熟するやきもの文化

明治維新後、陶磁器生産が輸出の花形産業に。窯業《ようぎょう》を学ぶ近代的な学校ができ、個人作家たちの活躍もはじまる。

昭和初期には、無名の職人による実用品に美を見いだす「民藝運動《みんげいうんどう》」がさかんに。各地の工芸が再評価された。

ちょっと一息、やきものコラム

「骨董」ってなんだろう

明治時代のものなら骨董品《こっとうひん》

やきものに触れると、いつしか気になってくる「骨董」。いつのものから「骨董」というのか。

江戸時代以前のもの、いや、戦前のものなら骨董だ、など見解はさまざま。明確な定義はないが、ひとまず、明治時代以前のものは骨董、といっていいだろう。

美しいものだから残る

では、古ければなんでも骨董なのか。骨董収集で知られた白洲正子《しらすまさこ》は、「美しいから残る」と語っていた。残っているから美しいわけではない。

骨董とは、洋の東西を問わず、時代を超えていつくしまれてきたもの、いまも燦然《さんぜん》と美しさや存在感をはなっているもの、といえるだろう。作家が有名か無名かは関係ない。

もともと「骨董」は、茶道具について使われた言葉。いまでは、広く道具全般をいうことが多い。ふだん使う道具に、歴史をまとう美しい骨董をとり入れると、自分の世界が大きく広がり、暮らしが豊かになる。

といっても、骨董は一朝一夕にわかるものではない。本気で取り組むには、お金も時間もとんでもなくかかることは心しておきたい。

骨董の初心者から達人まで古《こ》伊万里《いまり》の器《うつわ》は人気が高い

左から　那子果枝文染付平小鉢、染付芙蓉手輪花鉢　2点とも江戸時代

4章

こっそり聞きたい初歩の初歩の疑問

―― やきものの基本知識 ――

やきものを見たい、選びたい。お店でやきもの談義に興じたい。でも、お店や窯元《かまもと》で何をどう質問すればいいのかもわからない。そんな人のために、いまさら聞けない疑問の答えをご紹介。

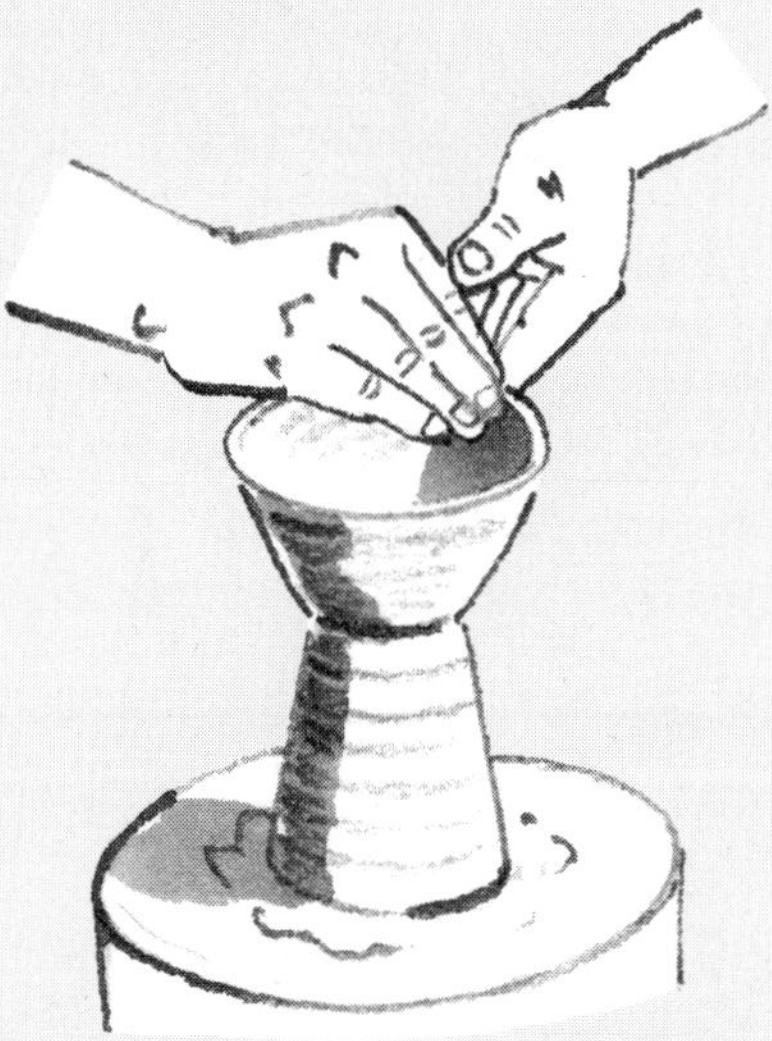

Q いい器はどこで見つかるの？

A 美意識をもった専門店がベスト

専門店
器の専門店は、経験豊かな目利《めき》きがしっかりした美意識にもとづいて、全国から器をセレクトしている。店主と作家との交流や議論から、新しい器をつくりだすことも。店によって美意識はさまざま。いくつかまわって自分にマッチする店を見つけよう

百貨店
人気が高いものや量産品を手軽に見るのに便利だが、最近は洋食器におされて和食器売り場は縮小ぎみ

ギャラリー
興味のある作家がいれば、ギャラリーの個展に出かけてみたい。展示即売していることも多い。気に入る器を購入することができる

やきものは、実際に見るのがいちばん。本やインターネットもいいが、やはり手にとってこそ魅力がわかる。いい器《うつわ》が欲しいとき、いちばん大切なのは、自分の美意識をもつこと。いいかえれば、自分の好みを知ることだ。

美意識は、いいもの、美しいものと日々つきあう中でやしなわれていく。素敵だと思う器を何かひとつ選んで、使いこんでみるといい。

しっかりした美意識のある器の専門店は、器を選ぶサポートだけでなく、豊富な知識と経験で、あなたの美意識も育ててくれる。わからないことはお店の人に質問して、器選びを楽しみたい。

産地（窯場《かまば》）

産地のよさは、豊富なやきものとあわせて、歴史や文化に五感で触れられること。窯元《かまもと》や資料館で制作過程を知るのも楽しいし、窯元の直販や陶器市では割安な器が買える。ただ、膨大な量からいい器を選び出すのは、それなりの経験や知識がないとむずかしい

【 器を見るときの注意 】

器は割れ物。店の人や作家にひと声かけてから、注意して扱う

- 両手で注意してもつ
- 指輪や長いネックレスなどははずす
- リュックや大きなかばんは、邪魔にならないところに置かせてもらう

お茶会

茶碗《ちゃわん》や水指《みずさし》はもちろん、道具のとりあわせなど、茶席を主催する亭主の美意識が楽しめる。敷居が高そうだが、「お客」として行くなら、最低限のマナーを守れば大丈夫

美術館・博物館

触れることはできないが、時代を超えて残ってきた最高のやきものが見られる。「この文様、うちの茶碗と同じ！」というような発見があることも多い。併設のショップで美術品の写しが買える場合も

日ごろ意識していれば、いい器はあちこちで見つかる。雑貨店やレストラン、知人宅でも目を凝《こ》らそう

Q 益子で焼けばなんでも「益子焼」？

A 実はむずかしい「○○焼」の定義

伊賀《いが》の土を使って益子《ましこ》で作陶《さくとう》するAさん。特に珍しくはないケースだ。

Aさんの作品は、「伊賀　角皿」のように書かれることも、「益子焼」として扱われることもある。

全国の土が入手できる現代では、「○○焼」の定義は、実はたいへんむずかしい。逆にいえば、いまの時代、やきものの産地にこだわってもあまり意味がない、ということになる。

とはいえ、各産地の伝統的なやきものについて知っておくと、土や技法のこともわかって、便利だ。

土、技法、窯で決まる

窯《かま》の所在地で決まる

焼いた窯の場所で「益子（焼）」「伊賀（焼）」などと呼ぶ。伝統的な様式のものや、土や技法がどこのものかを強調しない、現代的な作品の場合が多い

土がとれた場所で決まる

どこで焼いたかは無関係に、やきもののもち味を決める土のとれた場所で、「益子」「伊賀」などと呼ぶ。複数の産地の土のブレンドも多いので、決めにくい場合も

技法や様式の出身地

土や窯の場所にかかわらず、絵付《えつけ》や釉《うわぐすり》など、ある産地の特徴的な技法や様式の名前で「唐津《からつ》」「黄瀬戸《きぜと》（美濃）」などと呼ぶ

「○○焼」がつきとめられなくても、器《うつわ》の魅力は変わらない

Q「作家もの」って？ ほかの器と何がちがう？

A つくり手の個性が評価される器

よく「作家もの」というが、手づくりの器《うつわ》にはみな作家がいるはず。どこがちがうのだろうか。

「作家もの」の器は、作者として、作家個人の名前が紹介される。作家ならではの個性が評価されて、作家の名前に価値がついているのだ。作品一点一点の質も高い。

ただ、作家ものでなくても、いい器はたくさんある。工房で修業していた職人が独立して、有名作家になることも。そんな、金の卵を見つけるのも、器選びの楽しみのひとつだ。

作家ものとそれ以外の器のちがい

作家もの

- 値札や器の裏の銘《めい》、箱などに作家名が書いてある
- 作品が一点もの、または同じ作品が少ない
- 値段が比較的高め
- 作品の質が高い場合が多い

白磁面取フリーカップ	
幻冬窯	¥7,500

「○○窯」とあっても、その実は作家1人のことも。有名でもあえて銘を入れない人もいる

作家もの以外

- 値札や器の裏の銘に「○○焼」「○○窯」などと書いてある
- 同じ作品を量産することが多い
- 値段が比較的安め

桐《きり》製の箱、黄色いうこん布で包まれた「作家もの」の器

Q 器の名前が複雑でよくわからない

A 「装飾の技法や文様+器の形」が基本形

名前はうしろから見ていくとわかりやすい

やきものの名前は、短くても長くても最後が形や大きさをあらわす部分。その前に釉《うわぐすり》や装飾、絵付《えつけ》、文様などの説明がついている。むずかしそうに見えるが、言葉の切れ目の見当がつけばなんとなく想像できる

染付彩色小花文輪花5寸皿　イム・サエム

作家や店、それぞれにネーミングのルールがある。器の形が先に来ることも

装飾の技法や文様←　→器の形

染付彩色小花文｜輪花5寸皿
イム・サエム　¥6,500

装飾の技法をあらわす。「染付《そめつけ》彩色」は、染付して本焼《ほんやき》したのち上絵付《うわえつけ》で彩色したという意味

作家名や窯《かま》名。「有《あり》田《た》」のように産地だけ表示する場合も

文様の種類

器の形。「輪花《りんか》」はくぼみをつけたお皿のこと（→P.136）

器の種類。ほかに「角皿」「向付《むこうづけ》」など

器の大きさ。5寸は約15cm（次頁参照）

これは特に要素が多い例。おぼろげにでも知っている用語があれば、言葉の切れ目の見当がつく

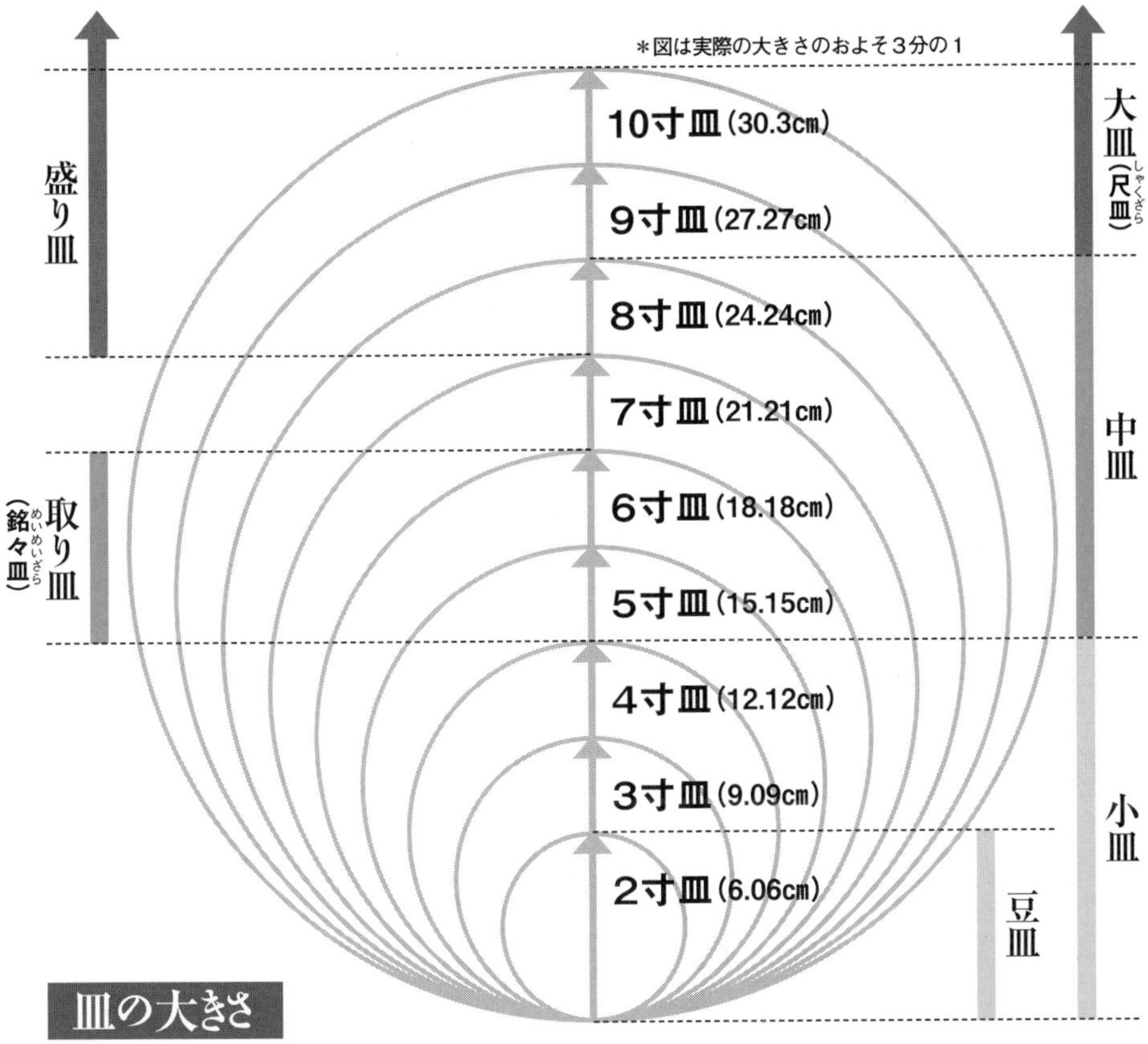
＊図は実際の大きさのおよそ3分の1
10寸皿(30.3cm)
9寸皿(27.27cm)
8寸皿(24.24cm)
7寸皿(21.21cm)
6寸皿(18.18cm)
5寸皿(15.15cm)
4寸皿(12.12cm)
3寸皿(9.09cm)
2寸皿(6.06cm)
盛り皿
取り皿(銘々皿《めいめいざら》)
大皿(尺皿《しゃくざら》)
中皿
小皿
豆皿

皿の大きさ

器の大きさは伝統的に尺貫法《しゃっかんほう》を使い「○寸」とあらわす。丸皿は直径の長さ。「盛り皿」「取り皿」のような呼び方は、家族構成や主観によっていろいろ変わる。なお、「○号」は「○寸」と同じ

●変形皿の場合

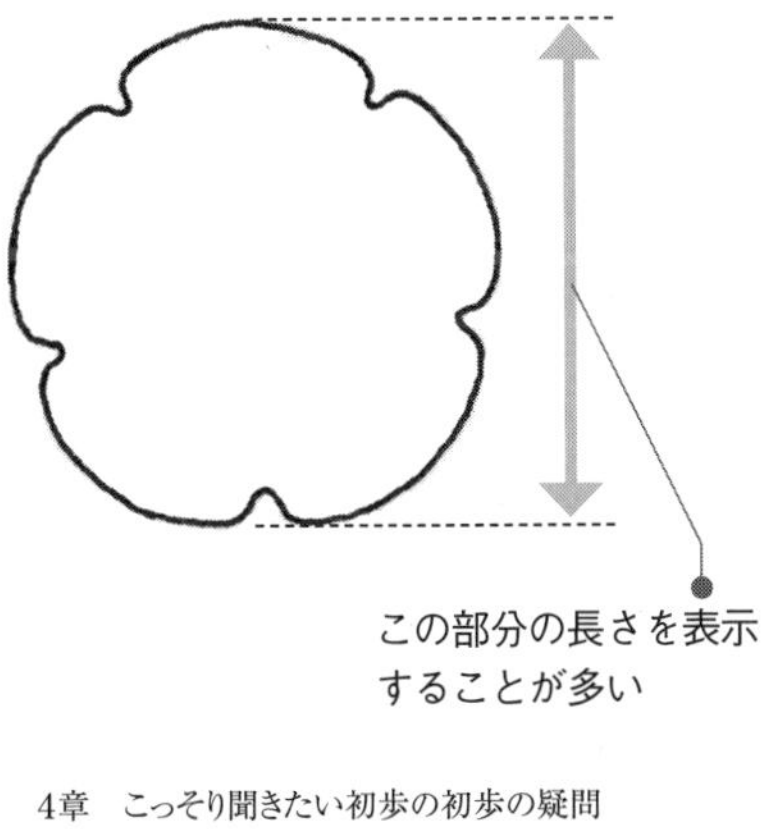
この部分の長さを表示することが多い

商品名には、その器《うつわ》をどうやってつくったかの情報がつまっている。

前半の技法や文様の説明は、やきものを見たり使ったりするうちに、だんだん頭に入ってくるもの。そのうち、商品名を聞くだけで、楽しい想像が頭の中をめぐるようになる。

専門用語が多い器の名前は、読めなくてもまったく恥ずかしくない。興味がわいたら、店員さんに質問してみるといい。

器の部分の呼び方

器《うつわ》には、「高台《こうだい》」「見込《みこ》み」など、各部に独特の名称がある。
知っておくと、お店などで話すときも便利。
茶碗《ちゃわん》についておさえておけば、あとはその応用だ。

茶碗

基本になるのは抹茶《まっちゃ》茶碗。飯碗、湯呑《ゆのみ》の名称もこれに準ずる。口と胴と高台が三大要素といわれる

見込み

器の内側のこと。特に内側の中央底面を指す場合も

口造《くちづく》り（口縁《こうえん》）

器の縁の部分。口造りの形や厚みは、口あたりや全体の雰囲気を左右する

胴

口縁の下から腰までの部分。文様や釉《うわぐすり》など、茶碗の「景色（→P.122）」がもっともあらわれる

腰

胴から高台脇までの部分。胴と腰が区別しにくいことも

高台脇《こうだいわき》

「高台際《こうだいきわ》」ともいう。釉がたまったりかいらぎ*ができたりしやすい

高台

底の中央で茶碗を支える部分で、大きな見どころ。削る場合（→P.130）、あとから付ける場合の両方ある。輪高台のほか、切高台《きりこうだい》など、形もさまざま（→P.58）。高台の底を「畳付《たたみつき》」と呼ぶことも

＊かいらぎ＝焼成が不十分なため釉がちぢれたもの

徳利《とくり》

酒を燗《かん》して飲む習慣とともに生まれた器。
形は多種多様（→P.139）。
茶碗の名称に、「首」などが加わる

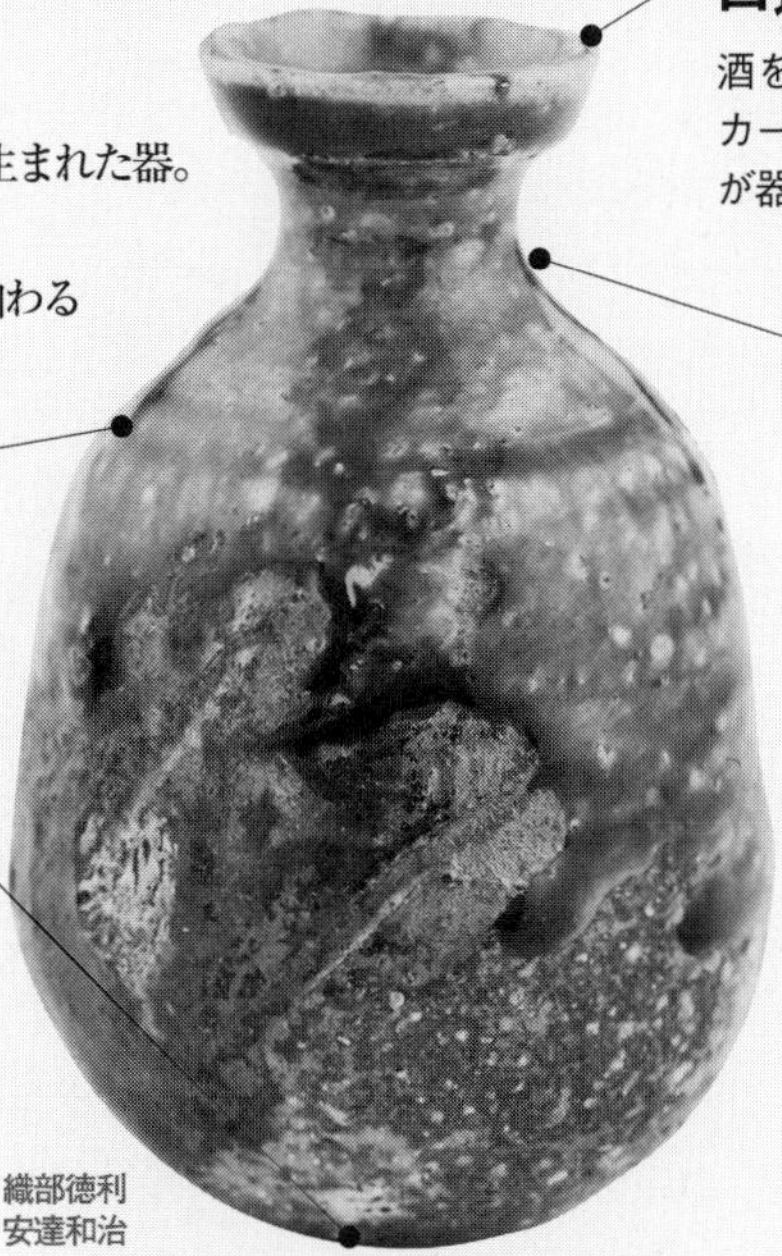

口造り（口縁）
酒を注ぐ部分。茶碗同様、カーブの具合や厚みなどが器の雰囲気を決める

首
保温性を高めるため、細くなったところ。細長い首の徳利は「鶴首《つるくび》」という

肩
首から胴に向かう部分

胴

腰

糸底
やきものの底。ろくろ成形のとき、糸を使って底を切りはなすことからできた呼び名。平らな底でも「高台」と呼ぶことも

織部徳利
安達和治

急須《きゅうす》

煎茶や番茶などを注ぐ器。
「手（柄）」「口」など、
見たままの名称が多い。
手で直立するものは、バランスがよく、使いやすいという説も

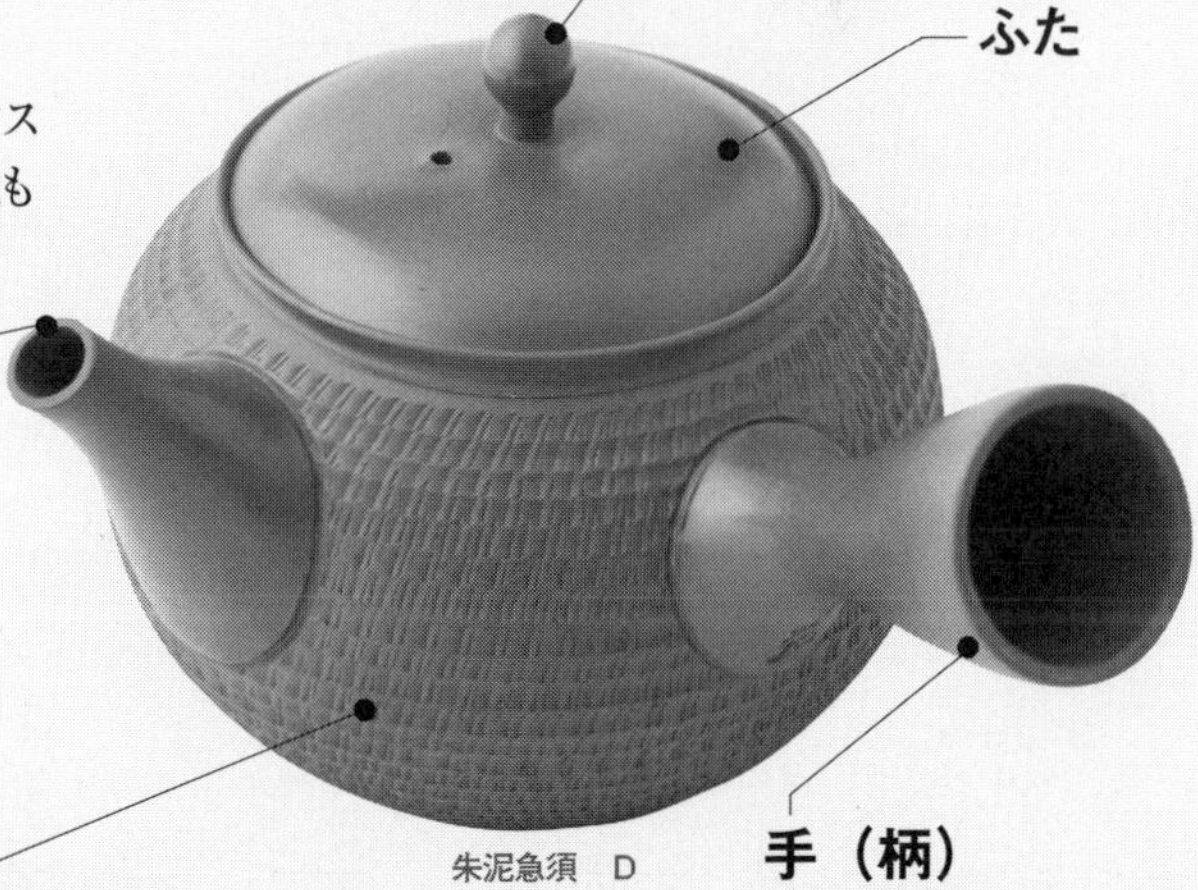

つまみ

ふた

口
茶の注ぎ口。水切れのよさを左右する、重要な部分

胴

手（柄）
もち手の部分。とり付け位置はさまざま

朱泥急須　D

Q どんなところに注目するといいの？

ぜひおさえておきたい3つのポイント

見かけより意外なほど軽い、ということも多い。可能ならぜひ感触を確かめたい

注意！ 手にとるときは必ず両手で。店の人や作家にひと声かけてから

内側に注目

見込み（→P.120）いっぱいに文様があることも。ろくろ目や刷毛《はけ》目《め》にも注目

全体を眺める

釉のかかり具合や筆の運び、窯変《ようへん》や貫入《かんにゅう》など、やきものの見どころのことを、茶人の言葉で「景色」という。全体の景色や口造りの形状を眺めよう

くし目湯呑びわ
椿秀窯　D

作家や窯の「銘《めい》」が入っているものも

裏を見る

高台《こうだい》は昔からの茶碗の見どころ。形や削りあと、土の風合いを味わう。高台と胴とのバランスもチェック

A 裏や中にも見どころがある

やきもの鑑賞に決まりはない。それはわかっているが、何か手がかりを……という人は、茶の湯の茶碗《ちゃわん》の見方を参考にするといい。

まず畳に置いたまま全体の「景《け》色《しき》」を眺める。形、釉《うわぐすり》や文様、口造《くちづく》りの厚みなどを味わうのだ。

次に手にとり、裏側や内側、気になるところをじっくり見る。また畳に置き、もう一度全体を眺める。

器《うつわ》の裏や中に、作家の遊び心があらわれることも多い。見逃さないようにしたい。

Q 値段が高いほどいい器、といえる？

A ある程度までは値段に比例

器に限らず、有名作家になると、いたずらに値が上がるという印象があるが、名前だけで値が上がるのではない。

作品が評価されると、作家は、器ひとつひとつに集中するようになる。よりよい土を求め、ひたむきに研究を重ねる。結果、いい材料と高い技術の器が完成、それが値段に上乗せされるのだ。

作家の最高の技術や美意識が出た芸術作品ともなると、目が飛び出るような値段になるわけだ。

やきものの値段にふくまれるもの

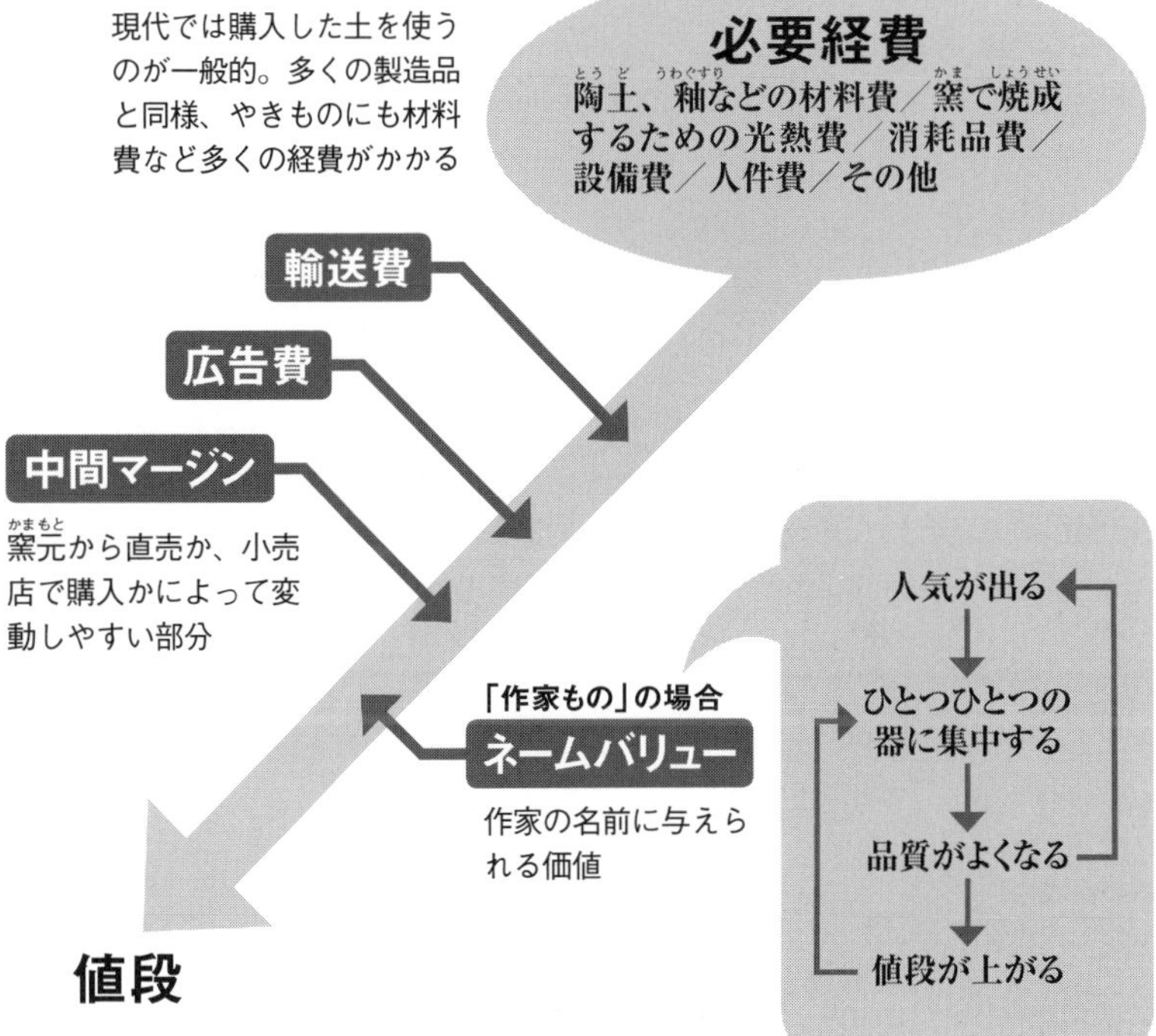

現代では購入した土を使うのが一般的。多くの製造品と同様、やきものにも材料費など多くの経費がかかる
必要経費
陶土《とうど》、釉《うわぐすり》などの材料費／窯《かま》で焼成《しょうせい》するための光熱費／消耗品費／設備費／人件費／その他
輸送費
広告費
中間マージン
窯元《かまもと》から直売か、小売店で購入かによって変動しやすい部分
「作家もの」の場合
ネームバリュー
作家の名前に与えられる価値
人気が出る
ひとつひとつの器に集中する
品質がよくなる
値段が上がる
値段

Q 陶器と磁器はどうやって見わけるの？

A 指ではじいてキーンとひびけば磁器

「土もの」の陶器、「石もの」の磁器

陶器と磁器のいちばん大きなちがいは、おもな材料が土か石か。見かけの特徴も異なる（→P.16～17、127）

厚みがある
でこぼこしたり
ゆがんだりしている
はじくとしずんだような
鈍い音がする
色のものができる。
釉をかけ分けることも
ていない。ザラザラしている

呉須カップ＆ソーサー　出西窯　E

陶器《とうき》と磁器《じき》には、厚み、手ざわり、音などに、それぞれ特徴がある。やすらぎの陶器か、色白美人の磁器か。よく使う食器や、お店で目にとまる器《うつわ》をチェックしても楽しい。

最近は、陶器と磁器の中間の「半《はん》磁器《じき》」もあり、プロでも見分けにくい場合も。あまりこだわらず、器選びの手がかりのひとつにしたい。

やきもの
こぼれ話

割れば明快！陶器と磁器

陶器と磁器のちがいが最もはっきりするのは、実は割れたとき。大切な器が割れてしまったら、ふだん見られない破片を観察してみては。悲しい気分が少しはまぎれるかもしれない。

細かい破片を見ると、陶器は不透明な土状、磁器は透きとおったガラス状になっているはず。大きい破片の断面は、陶器は土を釉で包んだ状態、磁器は鉱石のように光っている。

はじくと
金属的な音がする
＊机の上など平らなところに
置いた場合
均一な厚み、
ツルツルした手ざわり
青磁《せいじ》、白磁《はくじ》のほか、
染付《そめつけ》、色絵《いろえ》などのものが多い
高台に胴と同じ
釉がかかっている

橘絵珈琲碗　今右衛門窯　A

Q そもそも「やきもの」って？

A 土を成形して高温で焼いたもの

やきものは火山活動に似ている。地中から吹きだした溶岩《ようがん》は、珪酸《けいさん》という成分のはたらきなどで岩石になる。やきものの材料は、岩石が風化して細かくなった土。高温で焼くと、中の珪酸が溶けてガラス状となり、すきまを埋《う》めて固まる。火山活動とちがうのは、人が手を加える点だ。

土の成分は、産地によってさまざま。珪酸やその他の成分の量、焼く温度などで、できるガラスの量が異なる。最も多いのが磁器《じき》、いちばん少なくてすきまだらけなのが土器《どき》だ。

土と炎と人の力との総合作品

やきものはすべて、土を練って成形《せいけい》し、高温で焼いて固めたもの。土の成分、装飾や焼き方の創意工夫によって多様なやきものが生まれる

土

可塑性《かそせい》*が高くて細工しやすく、焼いてもひび割れしない粘土が適する。他の産地の土とブレンドして、成分調整して使う場合が多い

＋

成形《せいけい》と装飾

装飾には、釉《うわぐすり》や絵付《えつけ》、化粧《けしょう》土《ど》などがある。釉の原料は土や石、植物の灰などだが、中の成分によってガラス化の具合や色が異なる

＋

炎

温度、焼成《しょうせい》する時間、酸素の量(→P.41・酸化炎《さんかえん》焼成・還元炎《かんげんえん》焼成)、窯《かま》、薪《たきぎ》の材料などで仕上がりが異なる。人の力で完全にコントロールするのは難しい

食器　芸術作品
タイル　瓦　レンガ　植木鉢
洗面台　便器　など

身近にはやきものがたくさんある

＊可塑性＝ある程度力を加えると変形し、力をとりのぞいても変形したまま元にもどらない性質

やきものの代表的な4つの種類

陶器 〔→P.16〕

- 粘土がおもな材料
- 光を通さない
- 吸水性がある
- 素焼《すやき》＋施釉《せゆう》後、
  1100 ～ 1200度ぐらいで本焼《ほんやき》
- 手びねり、ひもづくり、たたらづくり、
  型づくり、ろくろ成形などで成形
- 土の色や釉で表情をつくることが多い

瀬戸《せと》、美濃《みの》、唐津《からつ》、萩《はぎ》、益子《ましこ》、小鹿田《おんた》など、全国で焼かれる

萩焼 陶刻湯香　D

磁器 〔→P.17〕

- 陶石《とうせき》に粘土や石灰《せっかい》などを
  混ぜたものが材料
- 光を通す
- 吸水性がない（すきまが少ない）
- 素焼＋施釉後、1300度前後で本焼
- ろくろ成形、型づくり、鋳込《いこ》み
  などで成形
- 下絵付《したえつけ》（染付《そめつけ》・鉄絵《てつえ》）や
  上絵付《うわえつけ》（色絵《いろえ》）で彩色

佐賀県有田《ありた》ではじまり、全国に広まる。水まわりのタイル、便器、洗面台などにも使われる

湯香　源右衛門窯　D

焼締《やきしめ》（炻器《せっき》） 〔→P.18〕

- アルカリや鉄を多くふくむ粘土が材料
- 光を通さない
- 吸水性が少ない
- 釉なし、素焼なしで、
  1200 ～ 1300度で長時間かけて焼く
- ろくろ成形、たたらづくりなどで成形
- 窯の中で生じる窯変《ようへん》が見どころ

朝鮮から伝わった須《す》恵器《えき》がルーツ。瀬戸をのぞく六古窯《ろっこよう》（→P.71）などが伝統的な産地

備前焼 焼酎カップ　D

土器

- 粘土が材料
- 光を通さない
- すきまが多く水漏《も》れしやすい
- 700 ～ 800度で素焼して完成
  釉はなし
- ひもづくり、ろくろ成形などで成形
- ヘラや縄で素地《きじ》に装飾する

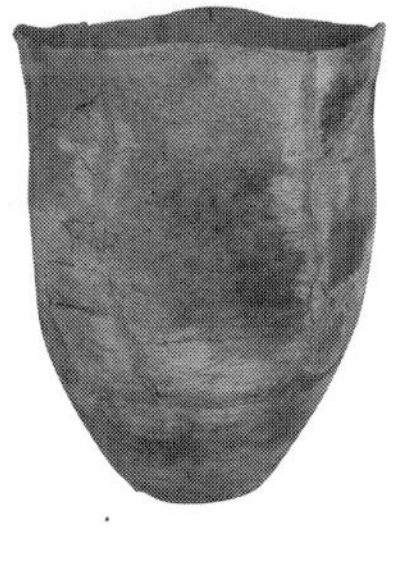

最古のやきもの。昔は野焼《のや》きだった。現在も植木鉢やレンガなどが焼かれる

丸底深鉢型縄文土器
瀬戸市蔵

やきものができるまで

陶器《とうき》、磁器《じき》、焼締《やきしめ》、土器《どき》により手順は多少ちがうが、成形《せいけい》した土を焼くのがやきものだ。焼きあがると80％ほどに縮むので、大きめに成形する。

土づくり

採土《さいど》

里山などからやきものに使える粘り気がある土（原土《げんど》）を採取する。その場で風化した粘土や、遠くから流れてきて堆積《たいせき》した不純物が多い粘土など、風土によって成分はさまざま

400年間、有田《ありた》の磁器の材料となった泉山《いずみやま》陶石《とうせき》の採石場

土の精製

採取した原土は、天日で乾燥してから粉砕。ふるいにかけ、好みの粗《あら》さになるように水簸《すいひ》（水に沈めて漉《こ》す）して、可塑性《かそせい》*や耐火度を高める

ひもづくり

ひも状の粘土を積みあげる。壺《つぼ》などに用いる

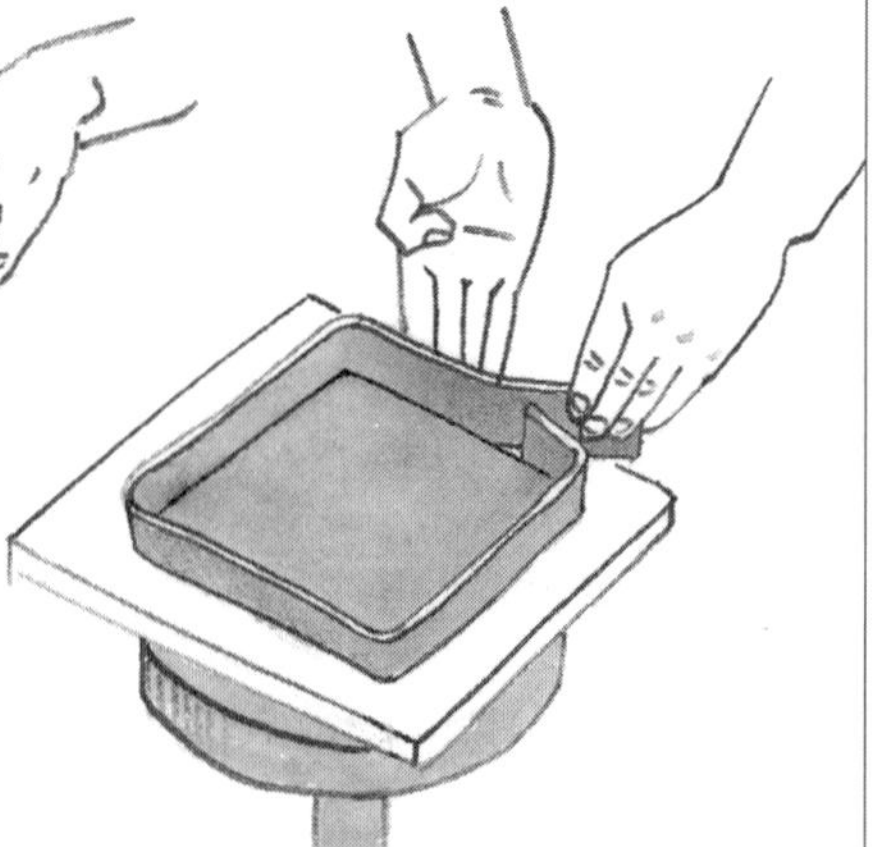

たたらづくり

板状の粘土を継ぎあわせたり変形させたりする

＊可塑性＝ある程度力を加えると変形し、力をとりのぞいても変形したまま元にもどらない性質

成形

素地土《きじつち》の完成

1か月から1年ぐらい、冷暗所で土をねかせる。ねかせることで、バクテリアが繁殖して粘り気が増し、水分や空気が均等に散らばる

土練《つちね》り

ねかせた粘土を練る。ムラをなくす荒練《あらね》り、空気を抜くための菊練《きくね》りがある。足や手を使うのが基本だが、最近は土練機《どれんき》で大量に練ることが多い。これで土がやわらかくなり、成形しやすくなる

成形《せいけい》

成形の方法には、ろくろ成形、手びねり（手づくね）、ひもづくり、たたらづくり、型づくり、鋳込《いこ》みなどがある。つくりたい作品と土の個性を考えあわせて、方法を選ぶ。ろくろには、手まわしろくろ、足で蹴《け》ってまわす蹴《け》ろくろ、電動ろくろがある

おもな成形の方法

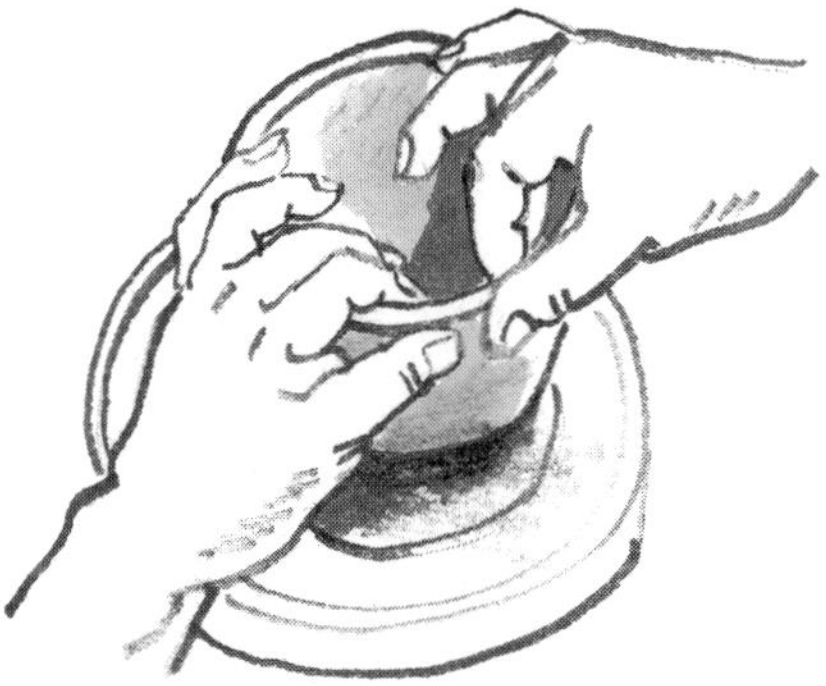

手びねり（手づくね）

手先だけを使う。粘土の玉をのばす方法が代表的

乾燥しないよう手に水をつけながら行う

ろくろ成形

ろくろ（回転台）の遠心力を利用して成形する

装飾

素地《きじ》の加工

素地に直接装飾を加える場合は、素焼《すやき》の前、生乾きのうちに行う。素地の加工には、化粧土《けしょうど》、櫛描《くしが》き（→P.57）、刷毛目《はけめ》、面取《めんとり》、象嵌《ぞうがん》（→P.36）などがある。茶碗《ちゃわん》などの高台《こうだい》を削る場合もここで行う

乾燥

10日程度素地を乾燥させる。乾燥が不完全だとひび割れることもあるので、最後は天日干しで完全に乾かす

素焼《すやき》

約600〜800度で7〜10時間程度素焼する。素焼することで施釉《せゆう》や絵付《えつけ》がしやすくなる

下絵付《したえつけ》

染付《そめつけ》や鉄絵《てつえ》の場合は、施釉の前に呉須《ごす》や鬼板《おにいた》で絵付けする。手描き、印判《いんばん》、吹墨《ふきずみ》（→P.23）など、方法はさまざま

焼締の場合は素焼なしで本焼

面取《めんとり》

厚めに成形《せいけい》して竹の弓などで削って面を出す

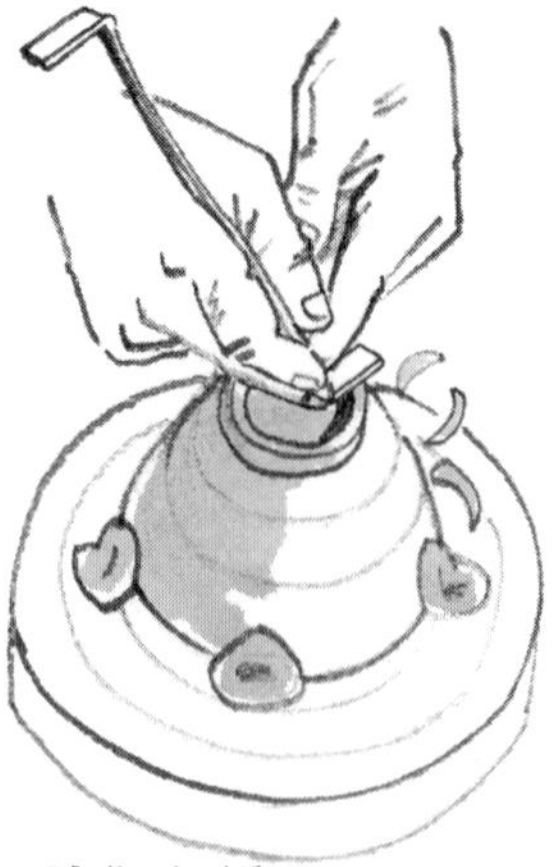

高台仕上《こうだいしあげ》

底をカンナなどで削って高台をつくる

【やきものができるまで】

本焼

施釉《せゆう》

調合した釉《うわぐすり》を、流しがけ（ひしゃくでかける）、浸しがけ（器全体を釉に浸す）などの方法でかける。

染付の場合は透明釉《とうめいゆう》を用いる

本焼《ほんやき》

約1100～1300度で本焼する。焼きあがりや熱効率、転倒の可能性を考慮して、細心の注意を払って窯詰《かまづ》めする。焼成中は温度や酸素量など、炎の状態にたえず気を配る。焼締《やきしめ》は1か月間焼き続けることも

色絵の場合

上絵付《うわえつけ》

本焼後、赤や緑などの色を絵付けし、上絵専用の窯や電気窯などで約600～800度で焼き付ける。金《きん》彩《さい》・銀彩《ぎんさい》はさらにこのあと

完成

窯の中の温度が50度ぐらいに下がったら、窯出しする。余分な釉をとりのぞいたり高台を磨いたりして完成

素焼の前に行う素地の加工

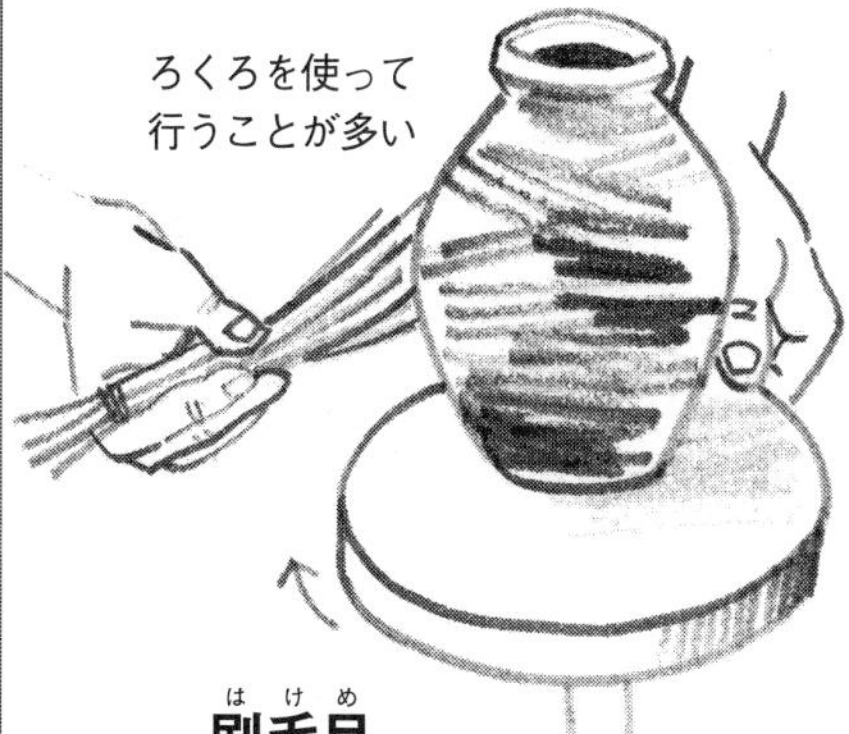
ろくろを使って
行うことが多い

刷毛目《はけめ》

刷毛に化粧土をふくませて塗る

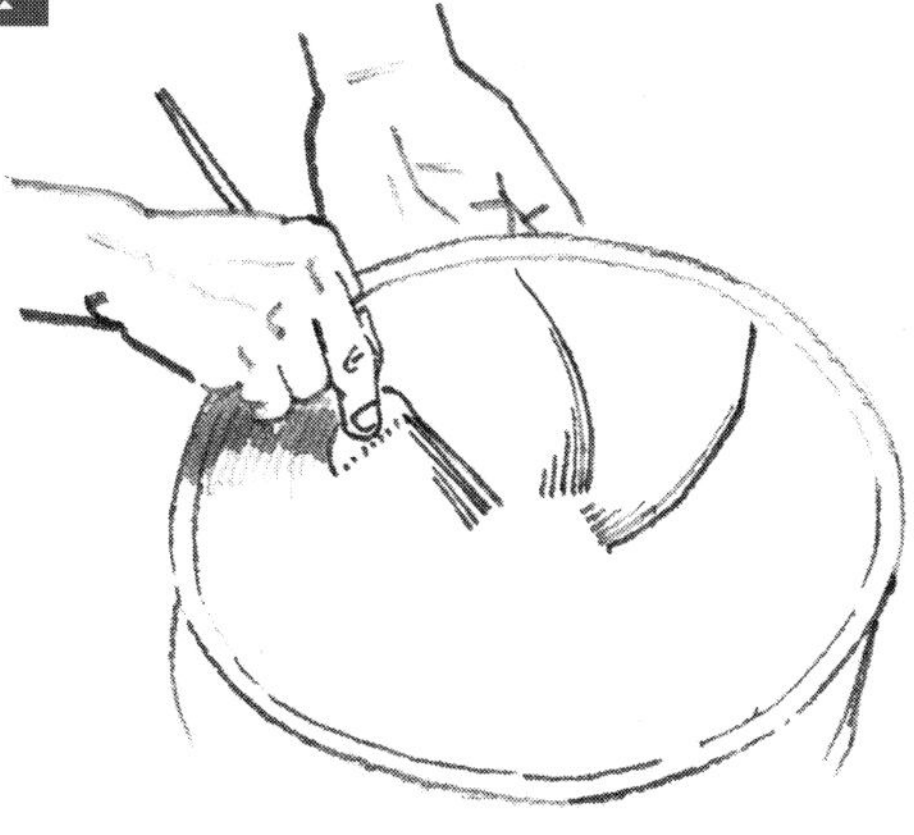

櫛描き《くしが》

櫛状の歯の付いた道具で文様を付ける

連房式登窯《れんぼうしきのぼりがま》

文禄《ぶんろく》・慶長《けいちょう》の役《えき》（1592～98）で渡来した朝鮮半島の陶工《とうこう》が伝え、唐津《からつ》から各地に広まった。不規則に動く炎と温度の調整にかなりの技術が必要だが、薪《たきぎ》を使って焼くやきもの独特の味わいが魅力だ

登窯のしくみ

斜面を登るように築かれた登窯《のぼりがま》は、
炎が狭間穴《さまあな》から順にゆきわたり、
全体で大きな煙突のようなはたらきをする。
一度に大量に焼くことができるすぐれものだ。

窯詰めは、炎の動きを予想しながら。大量の灰をかぶる一の間では、自然釉や窯変《ようへん》が多く生じる

窯の変化

原始	野焼《のや》き	屋外に穴を掘って焼く。土器など
古墳時代	穴窯《あなかま》	斜面を利用して地下や半地下に築く窯
室町時代	大窯《おおがま》	大型の穴窯を地上に築いたもの
文禄・慶長の役以後	連房式登窯	大窯を４～10室程度に区切ったもの
現代	ガス窯・電気窯	現代の主流。ムラなく焼ける

濱田庄司《はまだしょうじ》が生前使用していた登窯

陶芸メッセ・益子内

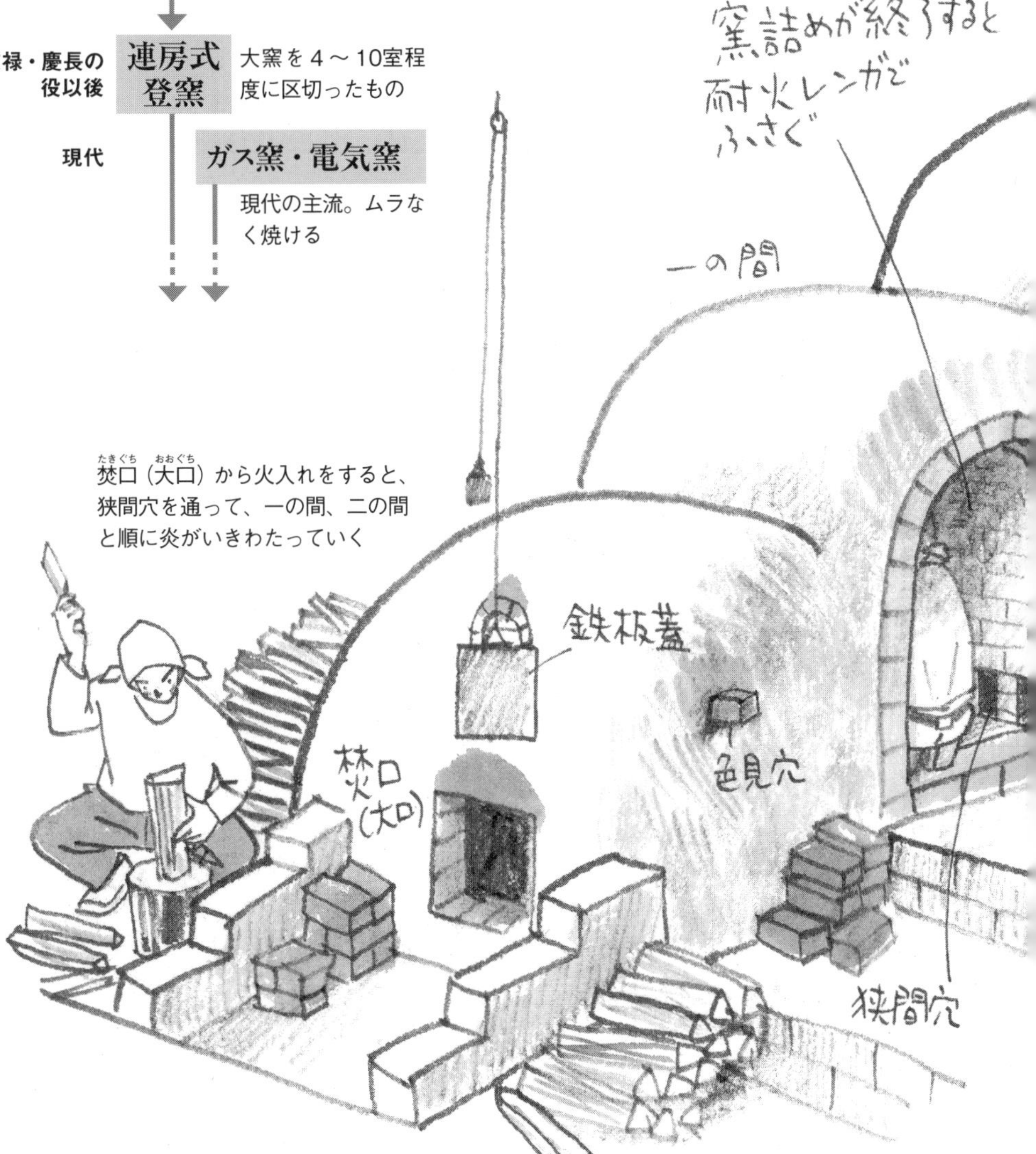
窯詰めが終了すると耐火レンガでふさぐ
一の間
鉄板蓋
焚口（大口）
色見穴
狭間穴

焚口《たきぐち》（大口《おおぐち》）から火入れをすると、狭間穴を通って、一の間、二の間と順に炎がいきわたっていく

ちょっと一息、やきものコラム

陶芸に挑戦してみたい

欲しい器《うつわ》を自分でつくる

いろいろ器を見るうちに、自分で焼いてみたくなってきた。実際に作《さく》陶《とう》すると、やきものを見る目も深くなる。土に触れるのは精神の健康にもいい。

陶芸《とうげい》教室に通うのが王道だが、まずは体験教室に入ってみるのもいい。自治体の広報やホームページで、近くの教室を探してみよう。自然公園などでは、薪《たきぎ》で焼く本格的な窯をそなえているところもある。

やきものの産地で体験するのもおすすめだ。大きな工房や陶芸資料館などでは、一〜二時間で、ろくろ成《せい》形《けい》や絵付《えつけ》の体験ができるところが多い。旅程に組みこんでみるといい。

ホームセンターやインターネットなどで、陶芸のキットや土を買って、自宅で焼いてみる方法もある。

自作の器に、自家製の料理を盛る。北大路魯山人《きたおおじろさんじん》を気どって、究極のぜいたくを楽しんでみては。

体験教室の料金の例

ろくろ成形（2時間）	2,000円
手びねり（2時間）	1,000円
絵付（1時間）	500 〜 2,000円
焼きあげ料 ＊器の大きさによる	1つにつき 800 〜 2,000円

材料の土は、1kg程度まで込み、それ以上は追加料金となる場合が多い。後日焼きあげて送ってくれる（送料は別途）

百聞は一見にしかず。自宅で手軽に陶芸を楽しめるろくろ倶楽部
株式会社タカラトミー

5章

楽しく選んで、長くつきあう

― やきものの選び方、使い方 ―

好きなものを好きなように使う。そのためにも、
器《うつわ》の形や選び方、扱い方を知っておきたい。
そして、選びに選んだ器や思い出の器は、
できるだけ長く楽しみたい。

器の形と名前

── 日本の器のバラエティは世界一 ──

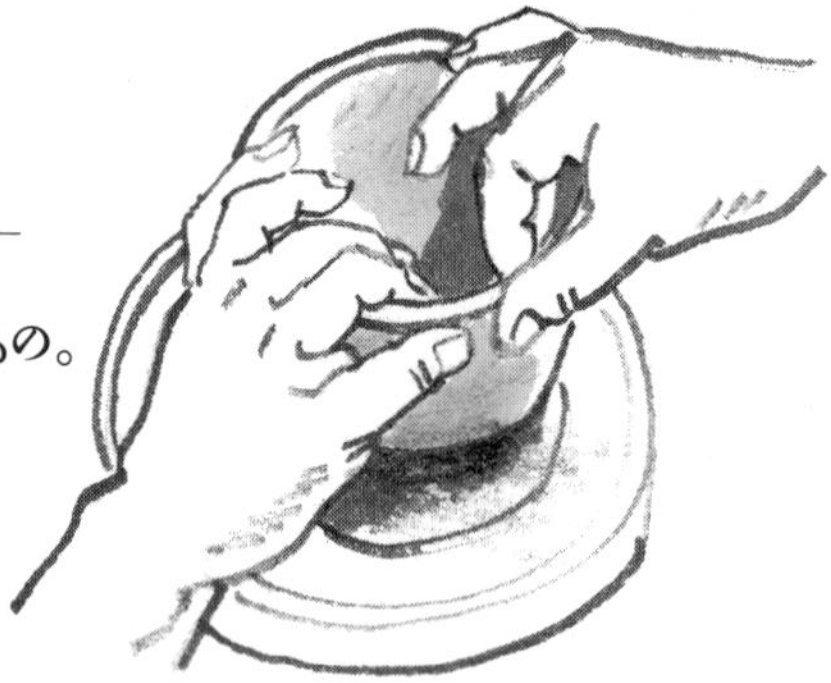

自然の風物をかたどったもの、足や耳を付けたもの。
日本の器《うつわ》には、さまざまな形がある。
名前もユニークだ。
身近な器や伝統的な器を、
標準的な呼び方とともに紹介する。

皿・鉢・向付

―さら・はち・むこうづけ―

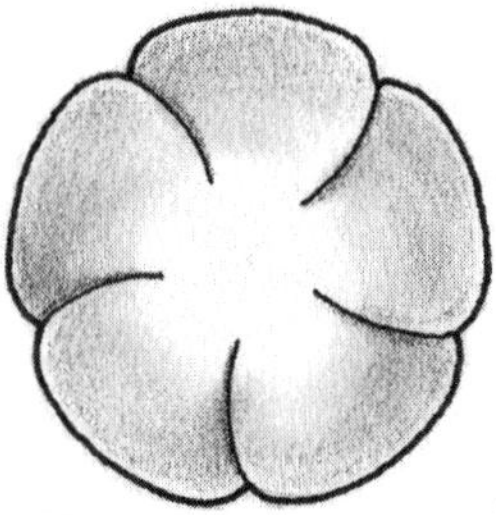

梅《うめ》 梅の花をかたどった形

輪花《りんか》 刻みやくぼみをつけた花の形

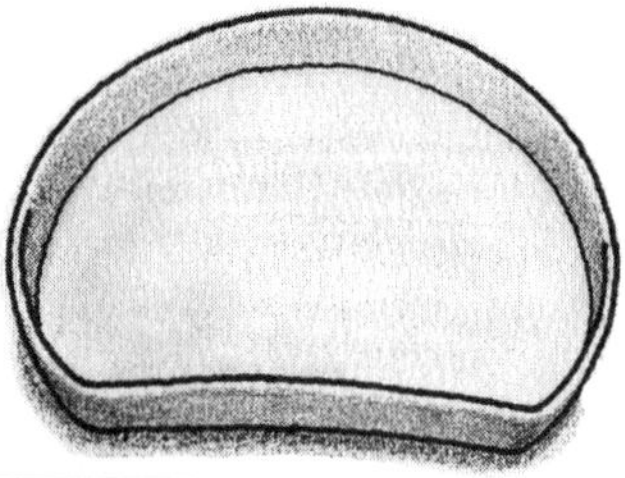

半月《はんげつ》 円を半分に切った形

木《こ》の葉《は》 葉の付け根を右にする

どら 楽器のどらのような円形の鉢

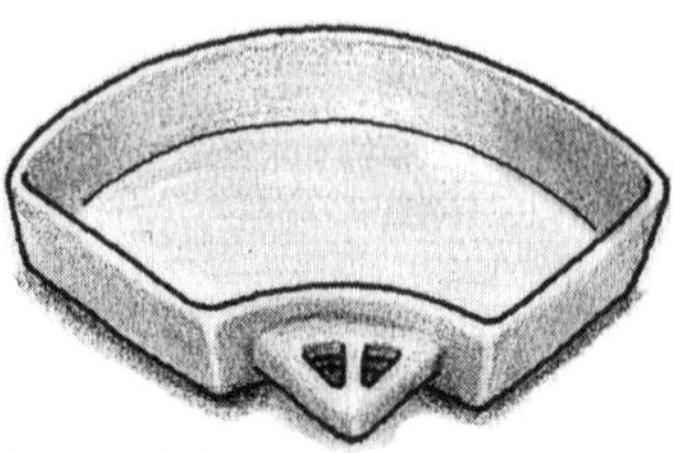

扇《おうぎ》 扇の要《かなめ》の側を手前にする

●皿・鉢・向付●

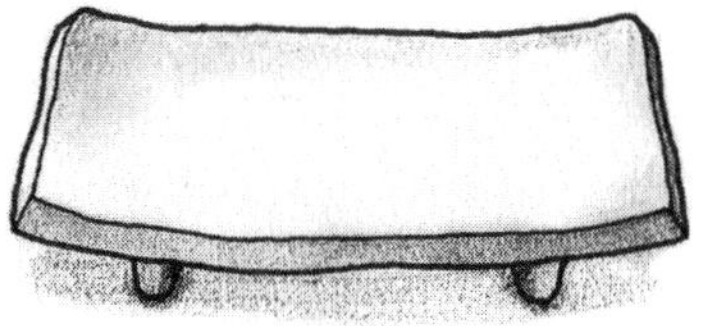

まな板 まな板に似た形の足付の長角皿

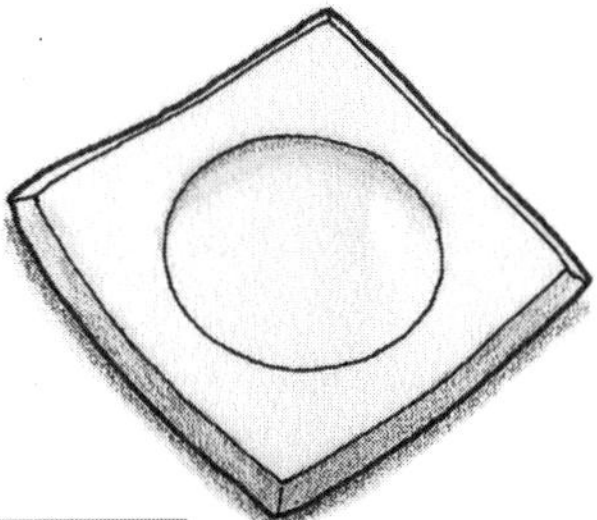

四方《よほう》 正方形。懐石料理などに使う

角《かく》ちがい 四角形をずらして合わせた形

隅切《すみきり》 皿の隅(角)を切り落とした形

耳付《みみつき》 耳のように左右に飾りがある

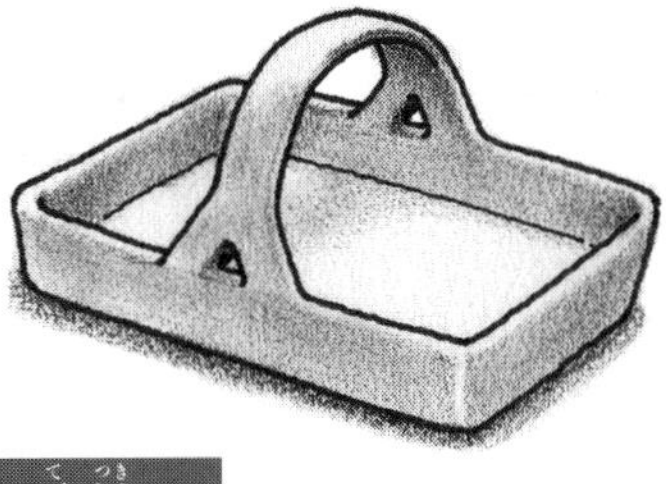

手付《てつき》 手は飾り。器の底をもつ

やきもの
こぼれ話

「皿」と「鉢」のちがいって?

皿より深いものが鉢、といわれるが、「深皿」や「平鉢」もあり、明確なちがいはない。水を入れてこぼれなければ鉢、と思っていればいいだろう。

なお、「向付」は、懐石《かいせき》料理などで使う小型の鉢のこと。膳の向こうに置いたためについた名前だ。

皿と鉢の区別は難しい
灰釉しのぎ7寸浅鉢　古賀雄二郎

●皿・鉢・向付●

そば猪口《ちょこ》 もとはそばの取り鉢。用途が広い

片口《かたくち》 注ぎ口がある鉢。口を左側に

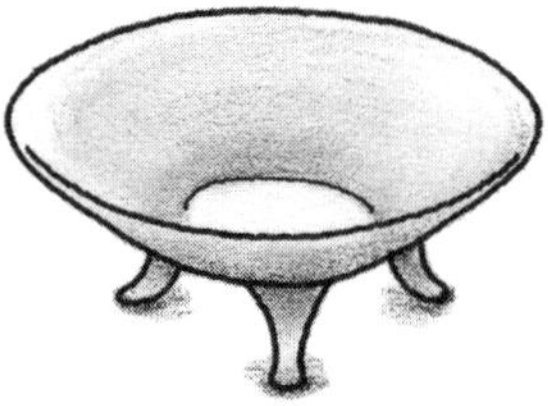

高台《こうだい》 足や台が付く。
３つ足は１本足が手前

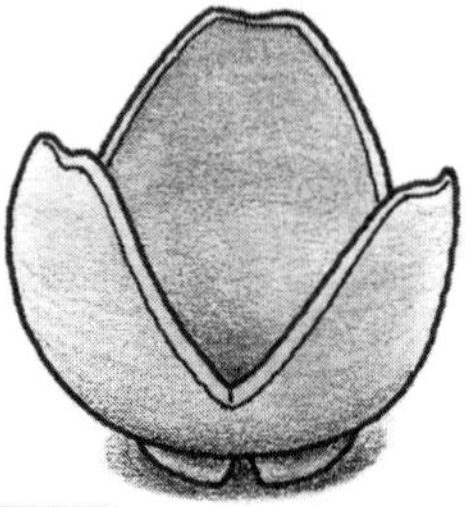

割山椒《わりざんしょう》 山椒の実が割れたように
三方が切れた形

茶器 ―ちゃき―

土瓶《どびん》 上に手が付く。手は異素材が多い

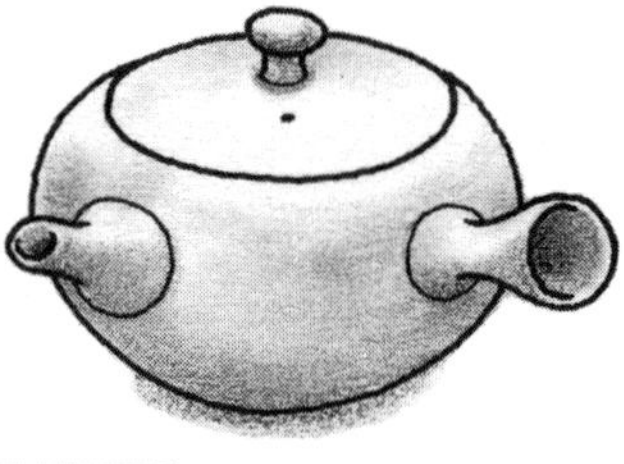

急須《きゅうす》 横に同素材の手がのびたもの

汲出《くみだ》し 口の直径より高さが低い茶碗

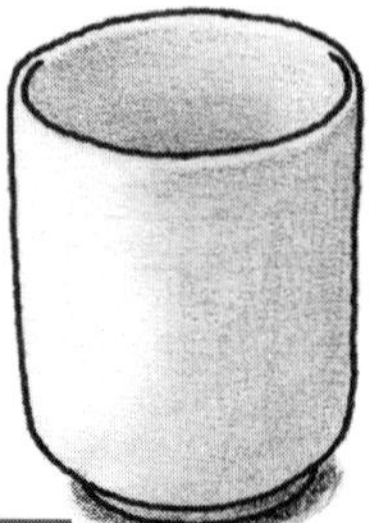

湯呑《ゆのみ》 口の直径より高さが高い茶碗

酒器

— しゅき —

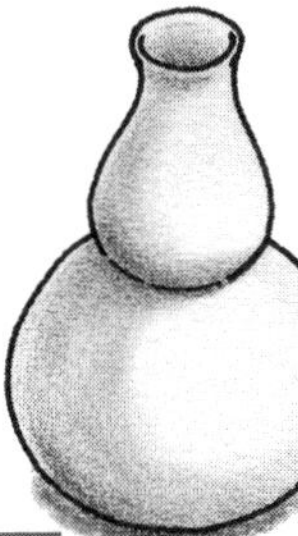

ひさご形徳利　ひょうたんのような形

船徳利《ふなとくり》　船内で倒れないように底が大きい

カラカラ　沖縄や九州の酒器。中の陶丸が鳴る

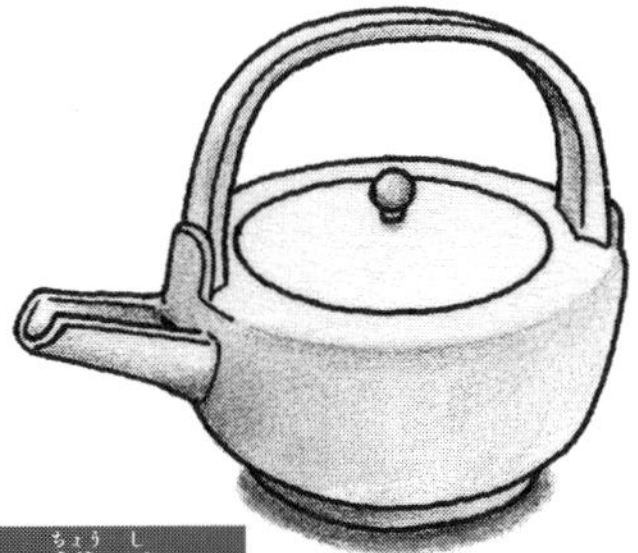

銚子《ちょうし》　同素材の手が付く。土瓶に似た形

猪口《ちょこ》・杯《さかずき》　お酒を受ける小さめの器

ぐい呑《のみ》　猪口より大きめのお酒を受ける器

フリーカップ　和洋に使える酒器・茶器

馬上杯《ばじょうはい》　長い足が付いた杯

選び方

選ぶことは自分を知ること。自由に好きなものを

自分にとっての「いいもの」を見つける

器《うつわ》は洋服とちがい、年齢も性別も無関係。使い方も自由自在だ。古伊《こい》万里《まり》にステーキを盛ることもできる。器は白に限る、土ものばかりだと重くなる、など、意見はさまざまだが、基本的に選択基準は自分。

何を買っていいかわからないなら、好きな色のシンプルな器から吟味してみては。組みあわせもしやすいはずだ。

経験を積み、歴史や文化の知識を得るうち、好みも成長する。一度に買わず、少しずつそろえていきたい。

「この器、好き！」がいちばんの決め手

人はだれでも、自分が好きなものは大切にする。人気の有無や他人の意見に流されず、ほんとうに好きなものを選ぼう

器選びは自分を知るきっかけ。自分の好みや美意識が育っていくのを実感するのは楽しいもの

鼠志野ぐいのみ　原憲司　B

好きとなったらこれもチェック ☑

財布を取り出す前に、感触、用途や実用面、予算なども冷静にチェック。ただし、多少マイナス面があっても、「好き！」という思いがまさるときは、潔く買ってしまうのもいい

そば猪口《ちょこ》、片口《かたくち》は多目的に使える器の代表

感触をたしかめる

- ☐ **大きさ・重さ** ●もちやすい?
- ☐ **口あたり** ●口《くち》造《づく》り（口縁《こうえん》）の厚さはOK?
- ☐ **音** ●こすれたときの音は大丈夫?
- ☐ **キズ** ●ヒビや傷はない?

キズや高台《こうだい》の形状は、見本だけでなく、実際に買う器を全部チェック

使うシーンをイメージする

- ☐ **食生活** ●和洋中、何をよく食べる?
- ☐ **用途** ●取り皿、盛り皿どっち? ●多目的に使えそう?
- ☐ **組みあわせ** ●ほかの器と色やトーンは合う?
- ☐ **収納** ●重ねられる? ●ぐらぐらしない?

数や予算を検討する

- ☐ **数** ●家族2人に5個も必要? ●お客が特に多いほう? ●一度にそろえてOK?
- ☐ **値段** ●ふだん使いとして適正な値段?

一度に買ったほうがいい場合も

手づくりの和食器は、焼く時期がちがうと、定番品でも色や風合いが変わる。予算との関係もあるが、作家ものや、複数常備しておきたいときは、同時に一定数そろえたほうがいい

使う前に

ひと手間でぐっと長もち、おいしさアップ

新しい器を買ってきたら

1 高台《こうだい》を確認

高台がザラついていると、テーブルや食器棚にキズがつくことも。たいてい出荷前にお店で削ってくれているが、使う前に点検しよう

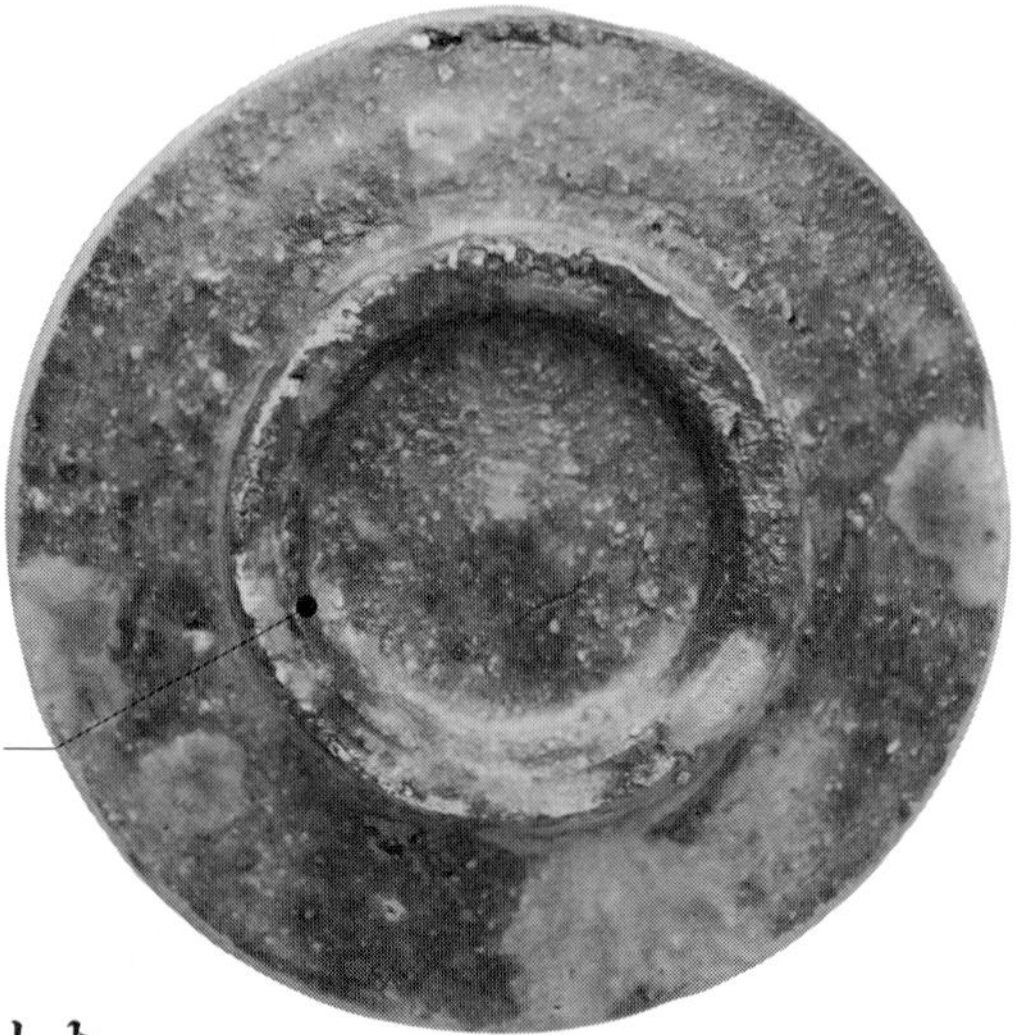

もしザラついていたら、サンドペーパーなどでこすってなめらかに

2 汚れを落とす

やわらかいスポンジなどに中性洗剤をつけて、ほこりや薬品をていねいに落とす。値段のラベルは、ぬるま湯につけるとはがれやすい

器《うつわ》には無数の穴があいていると心得よう

やきものには、目に見える貫入《かんにゅう》（→P.46）以外にも、気泡など、たくさんの穴があいている。ここから汚れや水分が入れば、シミやカビになる。残り物を盛りっぱなしにすれば、においが移る。

汚れやにおいがつかないようにするには、表面の穴を埋《う》める対策が肝心。使う前のひと手間で、大切な器を長もちさせることができる。

磁器《じき》は、基本的に水も汚れも通さないが、大切な器や、貫入が入った器には、同様に気を遣いたい。

3 土ものは米のとぎ汁で煮る

鍋に器がかぶる程度の米のとぎ汁を入れ、30分ぐらい煮て、自然に冷ます。米のでんぷん質が表面の穴を埋めて、汚れや衝撃に対して強くしてくれる

陶器《とうき》、焼締《やきしめ》、粉引《こひき》、半《はん》磁器《じき》など、磁器以外の器に必要
たくさん入れすぎないこと。器どうしがこすれてキズのもと
米のとぎ汁。ただの水でも一定の効果が
土鍋《どなべ》は最初におかゆを炊く。底を濡らしたまま火にかけないこと

料理を盛る前に

真水にさらす

陶器や焼締など土ものの器は、盛りつけの前に真水に30分〜１時間程度さらしておく。器にふくませた水がコーティングの役割を果たし、料理の水分やにおいがつきにくくなるのだ。特に焼締は、器につやが出て、料理がぐんとおいしそうに見える

料理によってはこんな気も遣う

揚げもの →紙を敷いて置く
魚 料 理 →焼締は、紙を敷くか、サラダ油などを軽く塗る
酢のもの →金彩《きんさい》・銀彩《ぎんさい》の器は、変色しやすいので避ける

洗い方・しまい方

やさしく手洗い、よく乾かして収納する

器《うつわ》は土でできた割れもの。ていねいに、ていねいに

器は、手洗いが基本。中性洗剤でしっかり汚れを落とし、完全に乾かす。食器洗い機は、洗浄時の振動がキズや破損のもとになる。できるだけ避けたい。洗い桶《おけ》いっぱいに器を詰めこむのもNG。急須《きゅうす》や片口《かたくち》など、口のあるものは特にやさしく扱う。

器の材料は土だ。梅雨時は、地面と同じように器も乾きにくく、カビが生えやすい。注意したい。

収納には通気性が肝心。木製の食器棚にむきだしでしまうのがいちばんだが、桐《きり》製の箱だったらOKだ。

こんな器はこう洗う

洗うことも大切な器とのつきあいのうち。やわらかいスポンジや日本手ぬぐいなどを使って手洗いする。高台《こうだい》など裏側も忘れずに

【 洗う前の注意 】

- 食事のあとは重ねない。釉のない高台にシミができることも
- クレンザーやスチールウールは、キズのもとなので使わない
- 破損防止のため、シンクにゴム製などのマットを敷いておく

金彩《きんさい》・銀彩《ぎんさい》

焼き付けしていないため、はげやすい。力を入れずにやさしく洗う。タワシなどは厳禁

焼締《やきしめ》

表面のザラつきが気になるときは、植物性のタワシで洗うと、なめらかになって味わいが出てくる

急須・徳利《とくり》

中は無理に洗剤で洗わなくてもいい。水で何度かすすいだら、ふきんの上に倒れないようさかさまにしてよく乾かす

焼締の急須は外側だけタワシで洗う
炭火急須　黒田隆

器の大敵は
水気と振動

器の収納3か条

水気が残ったままの収納は、カビやシミ、ひび割れの元。省スペースにはげむあまり、ガチャガチャと無理に重ねるのも厳禁

1 よく乾かしてから収納

洗ったらすぐ水気をふきとり、穴に入りこんだ水気が抜けるまで、ふきんの上でよく乾かす。収納は風通しのいい場所に。特に土ものは、長時間濡れたまま放置、は絶対ダメ。食事後、汚れた器に水を張るのも、できるだけ短時間に

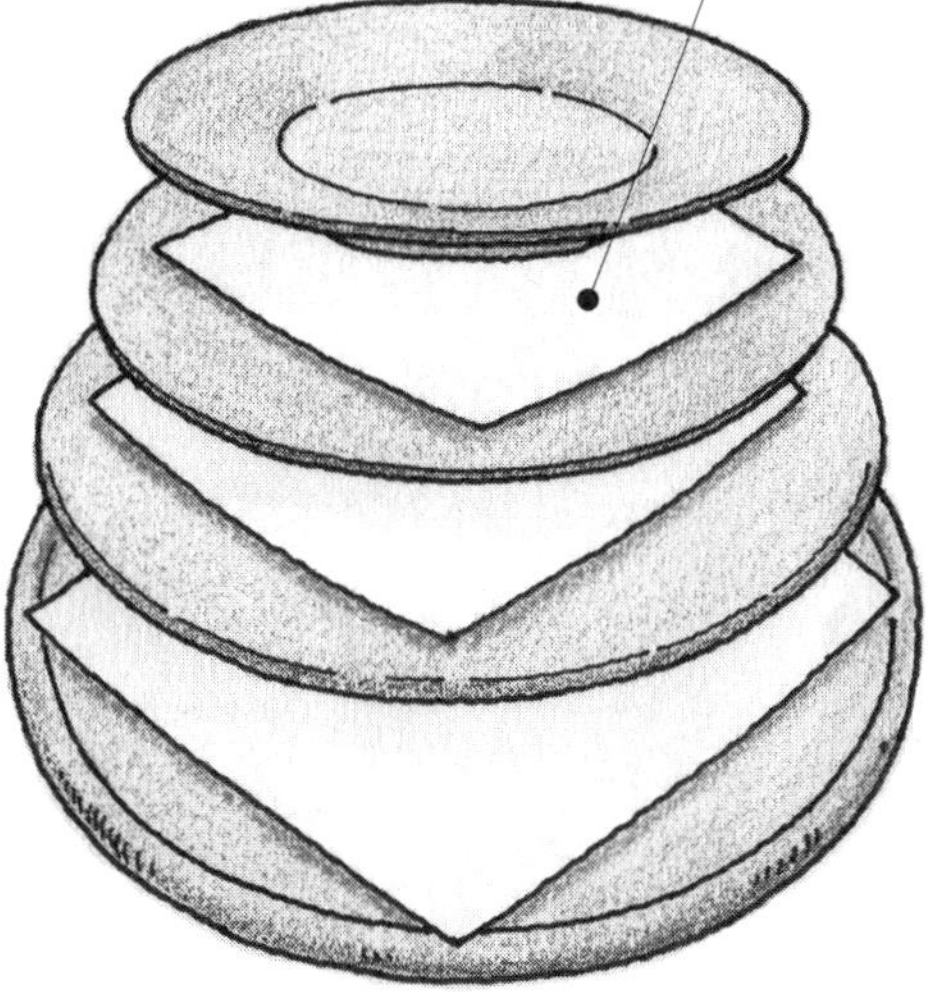
手ぬぐいなどの布、または懐紙か和紙

土ものは釉《うわぐすり》のない高台から水が出やすいので、布がベター。エアークッションですっぽり包むのは、湿気が逃げないのでNG

2 重ねすぎない

重ねないのがベスト。重ねる場合は、負荷がかたよらないよう、大きさや形状が似たものを、皿なら5〜6枚を限度に。間には布や紙をはさんで。硬い磁器《じき》は、ほかの器にキズをつけるおそれがあるので、土ものとは直接重ねないこと

3 箱やカゴもかしこく利用

ぐい呑《のみ》や箸置《はしおき》は、カゴに布を敷き、ふせて収納するのもいい。大切な器は、通気のいいものなら、買ったときの箱に収納しても。購入時のエアークッション（プチプチ）は、輸送時の保護のためで、収納用ではない。使うなら間にはさむ大きさに切って

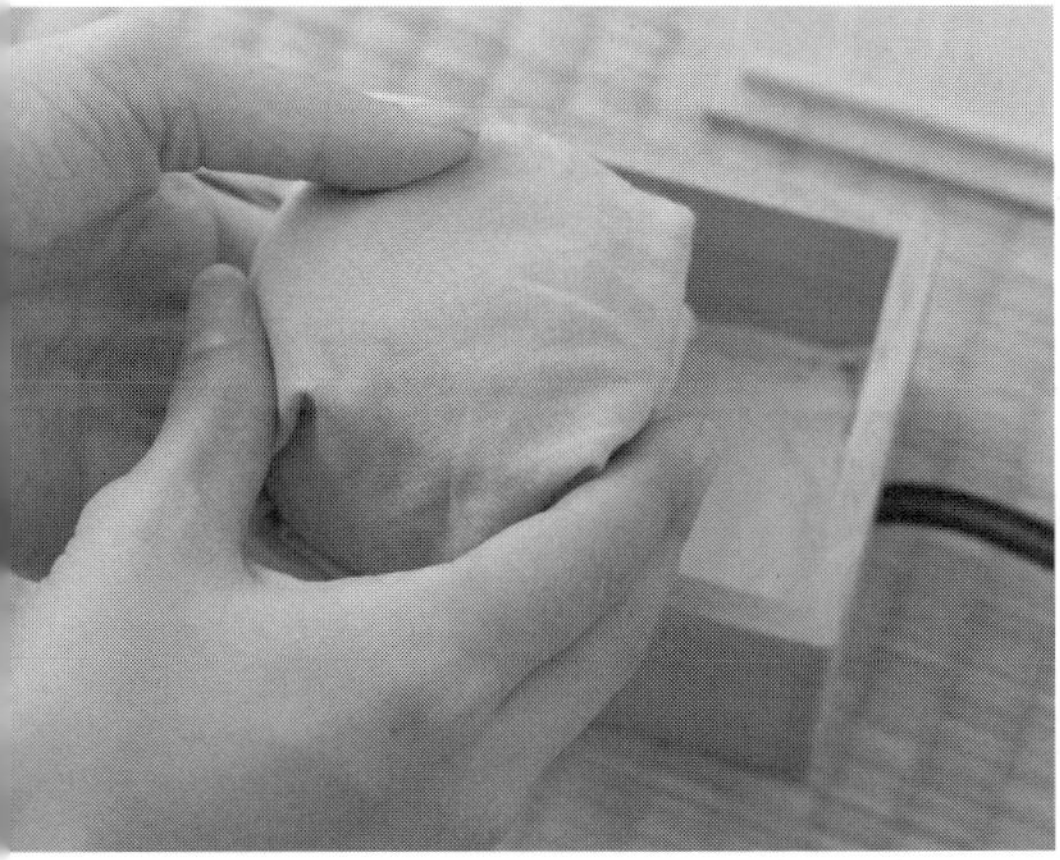

通気のいい桐製の箱は、保管に最適。防虫効果もあり火にも強い

手入れ・修理

「味だ」「寿命だ」という前に試してみよう

器《うつわ》も、人の肌と同じ。ていねいに扱っているつもりでも、長年のうちに、どうしても汚れが沈着する。時々、歯ブラシや漂白剤などを使うスペシャルケアが必要。ただし、漂白剤が使えない色絵《いろえ》、金彩《きんさい》、銀彩《ぎんさい》は、ふだんの手入れが肝心だ。

欠けたりひび割れたりしても、あきらめないで。ダメージが小さければ、自分でも直せる。たとえ、割れてしまったときも、「金継《きんつ》ぎ」という、日本独自の修理法がある。大切な器なら利用してみては。

軽傷は自分で。「金継ぎ」という手もある

スペシャルケアで新品同様に

愛用の湯呑《ゆのみ》やカップにこびりついた汚れ。「味だ」のひと言で片づけることも可能だが、いつもより少し手をかければ落ちることが多い。大切な器がよみがえる

漂白する

食器用の漂白剤液につける。陶器《とうき》などの土ものは、中の汚れがとれるよう、長めに。貫《かん》入《にゅう》に入った茶渋は無理にとらなくてもいい

メラミンスポンジなどでこする

研磨剤《けんまざい》をふくむメラミンスポンジや、アクリルタワシ、歯ブラシなどでこする。手や口の付け根は日本手ぬぐいを通して左右にこすっても

布で磨く

アクセサリー用の銀磨き剤や歯磨き粉を、やわらかい布につけてふくと、かなりきれいになる

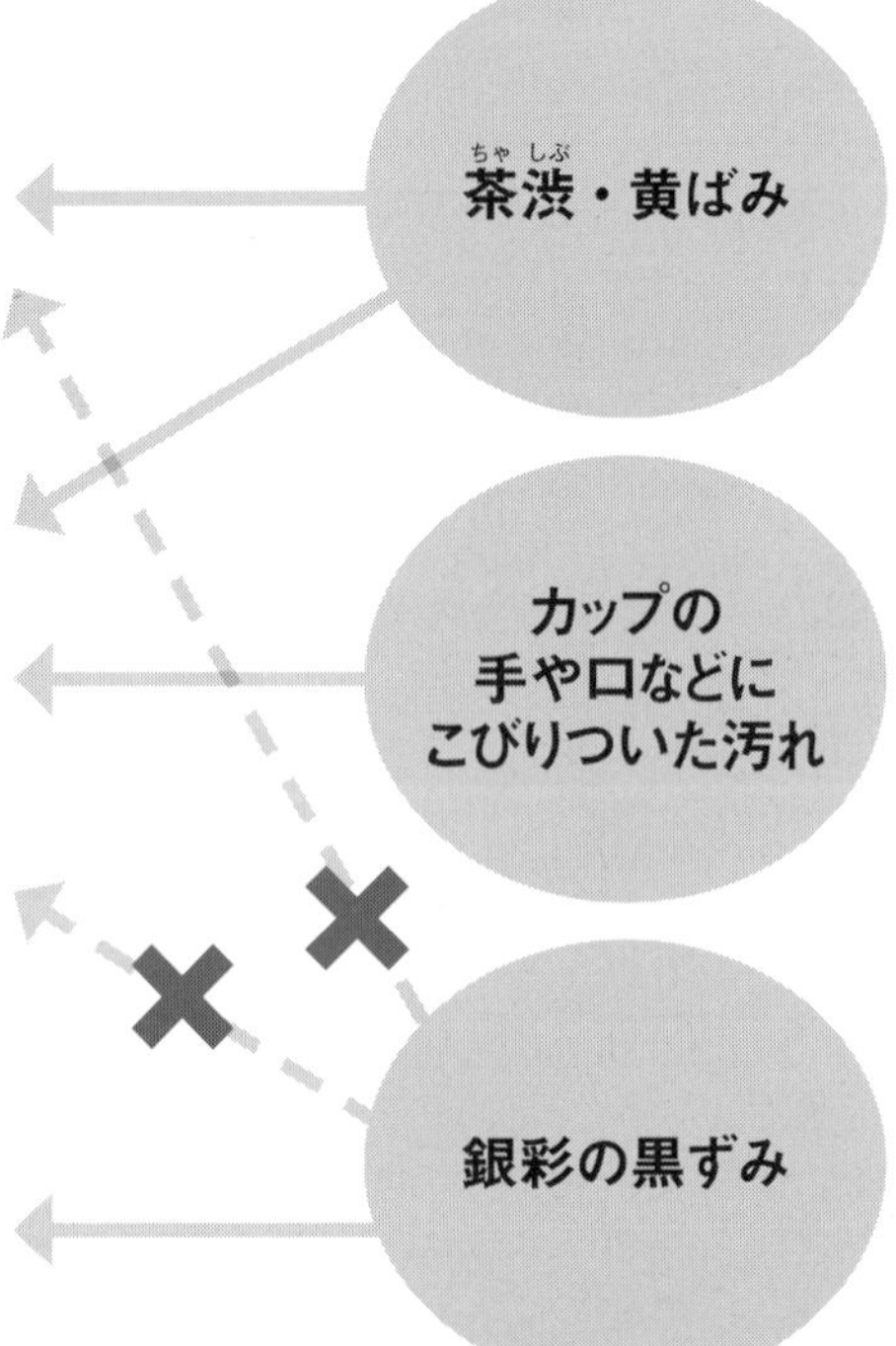

ダメージの大きさで修理法を使い分ける

大切な器が割れたときは、あわてず、あきらめず、できる限り破片を集める。
簡単なキズは自分で直してみても。新たな愛着がわくかもしれない

キズの程度

軽 → 重

- キズ → サンドペーパー
- カケ → サンドペーパー
- ヒビ → 接着剤、金継ぎ
- 割れ（破片あり） → 接着剤、金継ぎ
- 割れ（破片なし） → 金継ぎ

サンドペーパー

縁の小さなカケなどは、サンドペーパーでこすって簡単に補修する。なるべく目の細かいもので、少しずつ削ること

接着剤

陶磁器《とうじき》用の接着剤や瞬間接着剤で復元する。はみ出した接着剤はカッターで削る。接着剤の寿命は陶磁器より短いので、長く使いたい器には不向き

金継ぎ

欠けた部分を漆で補い、漆の部分に金粉をまいて磨く、伝統的な補修方法。もとの器と近い色の漆を使う共継《ともつ》ぎ、銀粉を使う銀継《ぎんつ》ぎなどもある

自分で修理

（サンドペーパー・接着剤・金継ぎ）

ふだん使いの器なら、小さなカケやキズは自分で。合成の漆《うるし》を使う金継ぎのキットも市販されている

専門家に依頼

（接着剤・金継ぎ）

高価な器、ふだん使いでも大切な器は、買った店や専門業者に相談して修理を依頼するのが無難

after
金継ぎで修理した萩焼《はぎやき》の湯呑。また別な風情が生まれる
漆工房ぬしや

全国の美術館

── 名品に会いに出かけよう ──

やきものの歴史を知りたい、名品を見たい、
というときは、美術館や資料館へ。
やきもののコレクションが充実した美術館、
陶磁器《とうじき》の企画展の多い美術館、
産地のやきものの全容がわかる資料館が各地にある。

白地草花絵扁壺　河井寛次郎記念館蔵

●産地との結びつきが深い美術館・資料館●

今右衛門《いまえもん》古陶磁美術館
〒844-0006
佐賀県西松浦郡有田町赤絵町2-1-11
0955-42-5550
鍋島《なべしま》をはじめ、古伊万里《こいまり》、歴代今右衛門の作品などを展示

有田町歴史民俗資料館
〒844-0001
佐賀県西松浦郡有田町泉山1-4-1
0955-43-2678
泉山《いずみやま》採石場の隣。有田焼の歴史、皿山《さらやま》の暮らしなどを陶片や道具などを通して紹介

萩焼資料館
〒758-0057
山口県萩市堀内萩城跡502-6
0838-25-8981
江戸初期の萩藩御用窯の古萩の名品などを、数多く展示している

佐賀県立九州陶磁文化館
〒844-8585
佐賀県西松浦郡有田町戸杓乙3100-1
0955-43-3681
陶磁器専門の美術館。有田《ありた》焼、唐津《からつ》焼などの古陶磁や九州の現代作品を展示

岡山県備前《びぜん》陶芸美術館
〒705-0001
岡山県備前市伊部1659-6
0869-64-1400
古備前から金重陶陽《かねしげとうよう》ら人間国宝の作家まで、備前焼の全容がわかる。資料も充実

山口県立萩美術館・浦上記念館
〒758-0074
山口県萩市平安古586-1
0838-24-2400
東洋陶磁と浮世絵専門の美術館。江戸～近現代までの萩焼が一堂に会する

樂《らく》美術館
〒602-0923
京都府京都市上京区油小路中立売上る
075-414-0304
樂家歴代や本阿弥光悦《ほんあみこうえつ》等の樂焼茶碗、茶道美術を展示。所蔵品を使う茶会もある

河井寛次郎《かわいかんじろう》記念館
〒605-0875
京都府京都市東山区五条坂鐘鋳町569
075-561-3585
河井寛次郎が47歳のとき建てた自宅を、作品とともに公開

伊賀《いが》信楽古陶館

〒518-0873
三重県伊賀市上野丸之内57-12
0595-24-0271

古伊賀、古信楽を展示。現代の伊賀焼の作品の販売も

甲賀《こうか》市信楽《しがらき》伝統産業会館

〒529-1851
滋賀県甲賀市信楽町長野1142
0748-82-2345

天平時代から近世までの信楽焼を年代別に展示。現代作品の企画展も

瀬戸蔵《せとぐら》ミュージアム

〒489-0813
愛知県瀬戸市蔵所町1-1
0561-97-1190

ショップなどを併設した総合施設の瀬戸蔵内にある。瀬戸焼の歴史や文化を紹介

愛知県陶磁資料館

〒489-0965
愛知県瀬戸市南山口町234
0561-84-7474

猿投《さなげ》、瀬戸《せと》、常滑《とこなめ》などの古陶磁から現代陶芸、外国陶磁を展示する、陶磁文化の総合施設

土岐《とき》市美濃陶磁歴史館

〒509-5142
岐阜県土岐市泉町久尻1263
0572-55-1245

志野《しの》や織部《おりべ》などの美濃焼を、企画展や特別展で展示

岐阜県陶磁資料館

〒507-0801
岐阜県多治見市東町1-9-4
0572-23-1191

古陶磁から現代陶まで、美濃《みの》焼のコレクションが豊富にそろう

石川県九谷焼美術館

〒922-0861
石川県加賀市大聖寺地方町1-10-13
0761-72-7466

古九谷、再興九谷まで、九谷焼を系統立てて展示。市内山代《やましろ》温泉の九谷焼窯跡展示館は姉妹館

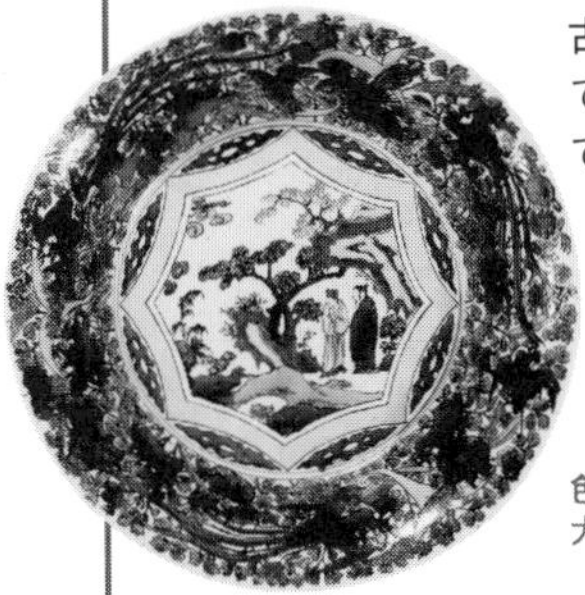

色絵百花手唐人物図
大平鉢　古九谷

石川県立美術館

〒920-0963
石川県金沢市出羽町2-1
076-231-7580

古九谷《こくたに》のコレクションは秀逸。野々村仁清《ののむらにんせい》の茶陶など見るものが多い

能美《のみ》市九谷焼資料館

〒923-1111
石川県能美市泉台町南56
0761-58-6100

様式の変遷《へんせん》や制作過程など、九谷焼の全容を紹介。隣接の陶芸館では陶芸体験も

益子陶芸美術館（陶芸メッセ・益子）

〒321-4217
栃木県芳賀郡益子町益子3021
0285-72-7555

濱田庄司など、益子焼の名作を展示。庄司の旧居や窯も移築されている

益子《ましこ》参考館

〒321-4217
栃木県芳賀郡益子町益子3388
0285-72-5300

濱田庄司《はまだしょうじ》の自宅や窯《かま》を、庄司の作品や国内外の陶磁とともに展示公開

＊目的の収蔵品が展示中かどうか確認してお出かけください。

●やきもののコレクションや展示が充実した美術館・資料館●

大原美術館
〒710-8575
岡山県倉敷市中央1-1-15
086-422-0005
河井寛次郎《かわいかんじろう》、濱田庄司《はまだしょうじ》など、民藝運動《みんげいうんどう》にかかわった作家の作品などを展示

色絵吉野山図
茶壺（重文）
野々村仁清

兵庫陶芸美術館
〒669-2135
兵庫県篠山市今田町上立杭4
079-597-3961
丹波《たんば》焼など兵庫県内のやきものをはじめ、国内外の作品、約1300点を収集

福岡市美術館
〒810-0051
福岡県福岡市中央区大濠公園1-6
092-714-6051
野々村仁清《ののむらにんせい》の茶道具の名品や、日本やアジアの古陶磁《ことうじ》を収蔵

藤田美術館
〒534-0026
大阪府大阪市都島区網島町10-32
06-6351-0582
国宝の曜変天目茶碗《ようへんてんもくちゃわん》をはじめ、茶器の名品などがそろう。春秋のみ開館

何必《かひつ》館・京都現代美術館
〒605-0073
京都府京都市東山区祇園町北側271
075-525-1311
北大路魯山人《きたおおじろさんじん》の作品を常設展示。近現代アートの企画展が多い

大阪日本民芸館
〒565-0826
大阪府吹田市千里万博公園10-5
06-6877-1971
民藝運動の西の拠点。各地の壺《つぼ》や甕《かめ》が置かれた中庭も見どころ

大阪市立東洋陶磁美術館
〒530-0005
大阪府大阪市北区中之島1-1-26
06-6223-0055
約4000点の東洋陶磁を収蔵。特に朝鮮半島の陶磁のコレクションが充実

サンリツ服部《はっとり》美術館
〒392-0027
長野県諏訪市湖岸通り2-1-1
0266-57-3311
国宝の本阿弥光悦《ほんあみこうえつ》作白樂《らく》茶碗（銘 不二山《ふじさん》）ほか、古九谷《こくたに》大皿などを収蔵

大和文華《やまとぶんか》館
〒631-0034
奈良県奈良市学園南1-11-6
0742-45-0544
野々村仁清の香合《こうごう》を収蔵。日本や中国、朝鮮半島の陶磁の企画展が多い

箱根美術館
〒250-0408
神奈川県足柄下郡箱根町強羅1300
0460-82-2623
縄文土器、六古窯《ろっこよう》の壺から伊万里《いまり》まで、さまざまな陶磁器を展示

MOA《エムオーエー》美術館
〒413-8511
静岡県熱海市桃山町26-2
0557-84-2511
国宝野々村仁清の色絵藤花文茶壺など、中国や日本の古陶磁を多く収蔵

五島《ごとう》美術館
〒158-8510
東京都世田谷区上野毛3-9-25
03-5777-8600（ハローダイヤル）
本阿弥光悦の樂焼茶碗、古伊賀水指「破袋《やぶれぶくろ》」など、茶道具の名品がそろう

出光《いでみつ》美術館
〒100-0005
東京都千代田区丸の内3-1-1　帝劇ビル9F
03-5777-8600（ハローダイヤル）
日本や中国の古陶磁が充実。陶磁器片を展示する陶片室を併設

静嘉堂《せいかどう》文庫美術館
〒157-0076
東京都世田谷区岡本2-23-1
03-3700-0007
国宝の曜変天目茶碗など茶道具の名品や中国の陶磁器を収蔵

サントリー美術館
〒107-8643
東京都港区赤坂9-7-4 東京ミッドタウンガレリア3F
03-3479-8600
「生活の中の美」をテーマに収集。伊万里や鍋島《なべしま》の色絵磁器など、古近の日本陶磁を収蔵

東京国立博物館
〒110-8712
東京都台東区上野公園13-9
03-5777-8600（ハローダイヤル）
日本と東洋の、古代から近代の美術が一堂に会する。各展示館で陶磁作品を展示

東京国立近代美術館工芸館
〒102-0091
東京都千代田区北の丸公園1-1
03-5777-8600（ハローダイヤル）
国内外の工芸・デザイン作品を収蔵。歴史や素材、テーマ別の収蔵作品展と企画展を開催

日本民藝館
〒153-0041
東京都目黒区駒場4-3-33
03-3467-4527
陶磁器、織物など、国内外の「用の美」の民藝品を収集、展示

戸栗《とぐり》美術館
〒150-0046
東京都渋谷区松濤1-11-3
03-3465-0070
古伊万里、中国、朝鮮などの古陶磁中心の陶磁器専門美術館

栗田《くりた》美術館
〒329-4217
栃木県足利市駒場町1542
0284-91-1026
伊万里と鍋島を中心に展示。4つの展示館がある

根津《ねづ》美術館（09年10月7日より開館）
〒107-0062
東京都港区南青山6-5-1
03-3400-2536
日本や東洋の古美術を展示。茶道具の名品がそろう

掬粋巧芸館《きくすいこうげい》
〒999-0122
山形県東置賜郡川西町大字中小松2911
0238-42-3101
陶磁器専門美術館。中国、朝鮮、日本などの古陶磁が充実

茨城県陶芸美術館
〒309-1611
茨城県笠間市笠間2345
0296-70-0011
近現代の著名な作家の作品を展示。笠間《かさま》焼の歴史も紹介している

＊目的の収蔵品が展示中かどうか確認してお出かけください。ハローダイヤル（情報案内）の営業時間は8:00～22:00です。

おわりに

わたしが東京の九段上に「暮らしのうつわ 花田」を開店したのは、32歳のときです。そのころの朝食といえば、ごはんに味噌汁が一般的でした。いまは朝食にパンを食べる人が多くなり、ひと世帯の人数も変化しています。売れる器《うつわ》も変わってきました。

「不易流行《ふえきりゅうこう》」という言葉があります。松尾芭蕉《まつおばしょう》の俳諧の理念をあらわしたもので、新しいことに挑戦し、変化を求める姿勢から不変の価値が生まれる、また、真に不変のものは時代を超えて新しさを失わない、という意味です。

いい器は、飽きがこないものです。器の形や様式は時代とともに変わっても、根底には不変の美しさが流れているのです。

花田の器も「不易流行」でありたいと願い、古今東西の美しいものからヒントを得ながら、よき戦友である器作家たちと、日夜器づくりの戦いを続けています。

もちろん、器の使い手であるみなさんには、むずかしいことは抜きにして、純粋にやきものを楽しんでもらいたいと思います。でも、技法や伝統の基本的な知識があると、楽しみはもっと広がります。本書では、その知識のほんの入り口を紹介しました。これからの器とのつきあいに役立てば幸いです。

そのうちに、昔はどうだったのか、外国の器はどうなのかと、興味が広がってくるかもしれません。そんなときは、中国や朝鮮半島の器にも触れてみてください。いまのやきものの技術は、中国の北宋《ほくそう》時代に完成したといわれています。

機会があれば、お茶に触れてみるのもいいでしょう。やきものはもちろん、建築、書画、料理など、日本の文化、日本人の暮らしの底には、「茶の湯」の伝統や心が受けつがれています。

わたしが教えを受けた白洲正子《しらすまさこ》さんは、生前、「骨董《こっとう》(をやること)は、自分の好きなものは何かを見つけることだ」と語っていました。「骨董」を、「やきものとのつきあい」、もっといえば「人生」といいかえることもできると思います。

現代は、お殿様や大富豪でなくとも、だれもが、作家が手づくりした器を、好きなように選んで、比較的手ごろな値段で手に入れることができる時代です。やきものの長い歴史をふりかえってみても、いまほど、やきもの好きにとっていい時代はありません。

やきものは楽しい！　ぜひ、その楽しみを満喫してください。

暮らしのうつわ　花田
店主　**松井信義**

半磁器……125
半筒形……96 110
ビードロ釉……30 66 67
火色……74
東インド会社……52 99 110
引き出し黒……72
ひさご形徳利……139
浸しがけ……34 131
火だすき……41 60
火間……35
ひもづくり……108 127 128 129
百花手……79
氷裂文……46
平形……96
吹墨……23 130
船徳利……139
フリーカップ……139
古田織部……32 66 73 88 89 90
風炉……97
文禄・慶長の役……55 58 86 110 132
へうげもの……88 96
ベンガラ……26
本阿弥光悦……90 91 95
本業焼……68 69
本焼……21 24 118 131

ま

斑唐津……54
窓絵……76 79
まな板（皿）……102 103 137
豆皿……119
丸（文様）……42
見込み……120 122
三島……37
三島唐津……54
水指……61 64 97 115
皆川マス……81
美濃桃山陶……72 73
耳付……137
宮本武蔵……90
民藝（運動）……56 80 82 86 104 105 106 107 111
麦藁手……43 69
向付……89 103 136 137
銘……91 104 117 122
名物……89
銘々皿……119
面取……130
もぐさ土……73
桃山陶……75 86
盛り皿……119 141

や

焼締……18 40 41 60 67 71 86 96 97 102 109 110 127 130 131 143 144
やきもの戦争……55
柳宗悦……56 86 104 106 111
矢羽根（文様）……43
柚子肌……73
湯呑……12 58 138 147
用の美……57 80 104 106
窯変……21 40 41 60 61 122 127 132
四方（皿）……95 137

ら

樂常慶……90
樂長次郎……91 96
樂道入……90
樂焼……59 62 91 96 110
李参平……50 99 110
輪花……118 136
琳派……90 95
ルリ釉……30 33 50
連房式登窯……55 132 133
ろくろ成形……108 121 127 129 134
六古窯……64 70 71 86 109 127

わ

わび……58 59 64 88
わび茶……59 88 93 96
和物……59 74 96 97
藁灰釉……54
割高台……58
割山椒……138
椀形……96

青海波（文様）……43
青磁……29 46 96 125
青白磁……29
炻器……127
瀬戸黒……72 73
せともの……68
瀬戸山離散……68 72 110
千宗旦……90 93
千利休……59 88 90 93 96 97 110
総織部……73
象嵌……36 37 130
そば猪口……138 141
染付……21 22 23 24 33 50 51 52 62 68 102 118 125 127

た

大道土……58
宝づくし（文様）……45
焚口……133
竹の節高台……58
たたきづくり……55
畳付……120
たたらづくり……127 128 129
俵屋宗達……90 95
タンパン……27 72
千鳥（文様）……45
茶入……92 97
茶壺……93
茶碗……58 74 88 91 96 97 115 120 122
銚子……139
長石……64 65
長石釉……73 74
朝鮮唐津……54
猪口……15 139
土練り……129
土もの……16 103 124 143 145 146
筒描き……39
鶴首……121
手……121
鉄絵……26 27 55 74 89 95 127
手付……137
手づくね……129
鉄釉……30 31 54 69 72 109
手びねり……91 127 129
電気窯……131 133
天目形……96
天目釉……31 69
胴……120 121 125
陶石……17 50 76 99 110
透明釉……22 29 33 95 131
土器……108 126 127
徳利……82 121 139 144
飛びかんな……57
土瓶……138
富本憲吉……63 106
共継ぎ……147
豊臣秀吉……55 89 110
取り皿……119 141

な

流しがけ……80 131
鍋島（様式）……50 53 101
鳴海織部……73
濁し手……52 98 99
日本民藝館……106
糠白釉……82
ねじり（文様）……42
鼠志野……36 74
練上……38
練込……38
練込志野……38 74
野々村仁清……62 63 92 93 94 98 111
登窯……132 133
野焼き……108 127 133

は

バーナード・リーチ……57 107 111
梅山窯……107
破格の美……66 88
萩の七化け……59
白磁……28 29 34 35 36 50 125
刷毛目……34 35 37 130 131
馬上杯……139
花入……61 64 66
花坂陶石……76
濱田庄司……57 80 81 105 106 107 111
半月……136

銀彩……25 93 103 131 143 144 146
金継ぎ……146 147
銀継ぎ……147
禁窯令……110
金襴手……25 52 77 78 99
ぐい呑……139 145
櫛描き……57 130 131
口……121
口造り……120 121 122 141
首……121
汲出し……138
黒織部……73 88
珪酸……30 126
珪石……24
景徳鎮窯……23 42
景色……120 122
化粧がけ……74
化粧土‥34 35 36 37 80 104 126 130
蹴ろくろ……55 129
建水……97
原土……64 128
古伊賀……66 67
古伊万里……52 112 140
口縁……120 121 141
香合……92
高台……58 91 120 121 122 124 125
130 131 141 142 144 145
高台（器の形）……138
高台際……120
高台仕上……130
高台脇……120
高麗茶碗……58 110
高麗物……62 89 96
古唐津……54 55
古清水……62
古九谷……39 78 79 110
黒泥……70
コゲ……26
五彩……24
五彩手……76 77
腰……120 121
呉須……22 51 104 130
呉須赤絵……102
古瀬戸……69
木の葉（皿）……103 136
コバルト……22 32 33
粉引……34 37 143
古備前……60
粉吹……34
小堀遠州……67 90 96
御本……40
コマ（文様）……42
御用窯……58
御用品……53 92 101

さ

再興九谷……78 111
採土……128
酒井田柿右衛門（初代）……24 98 99
杯……139
桜高台……58
猿投窯……108
銹絵……26 62 95
狭間穴……132 133
酸化炎（焼成）……41 70 71 126
桟切……41 61
山水土瓶……81
山水楼閣（文様）……45
自然釉……30 32 132
下絵付……21 22 26 127 130
志野（焼）……72 73 74 88 91
しぼり描き……39
尺皿……119
出西窯……107
朱泥（焼）……70 71
縄文土器……108
初期伊万里……50 52
祥瑞手……42
辰砂（釉）……30 33 104
新製焼……68 69
水簸……128
須恵器……60 108 109 127
数寄者……37
砂目……54
隅切……103 137
角倉素庵……90
素焼……22 127 130
すり鉢……64 82 109

さくいん

あ

青織部……26 89 110
青木木米……63 78
青手……76 77 78 79
赤絵……24 62 78 98
赤津焼……69
朝顔形……96
穴窯……108 133
天草陶石……51
網目（文様）……42
飴釉……31
荒川豊蔵……73 74 102
荒練り……129
鋳込み……127 129
石皿……69
泉山陶石……51 99 110 128
市松（文様）……42
イッチン描き……39
井戸形……96
糸底……121
今泉今右衛門（十二代）……100
今右衛門窯……53 101
伊万里……52 99 111
伊万里焼……53 101
色絵……21 24 25 50 52 76 79 98 99 102 103 125 127 146
色鍋島……100 101
印判……23 130
鶉……38
打ち刷毛目……57
馬の目皿……68 69
梅……136
上絵付……21 24 79 118 127 131
栄西……96 109
絵唐津……26 54 55
絵志野……74
扇……136
大窯……133
大川内山……53 101
大口……133
尾形乾山……62 63 90 94 95
尾形光琳……90 94 95
奥田穎川……62 63
織田信長……68 89 110
鬼板……26 74 130
織部好み……66
織部（焼）……32 73 88 102
織部釉……30 32 73 88 89

か

灰釉……30 69 72 109
かいらぎ……120
蛙目粘土……64
カオリン……28 29
柿右衛門（様式）……50 52 98 99
かき落とし……36 37
柿釉……31 82
角ちがい……137
ガス窯……133
春日山窯……78 111
可塑性……126 128
肩……121
片口……54 138 141 144
型づくり……127 129
加藤民吉……69
金森宗和……92 93
窯詰め……40 131 132 133
雷（文様）……43
唐臼……56
カラカラ……139
唐草（文様）……22 44
からつもの……54
唐物……62 73 89 96 109
河井寛次郎……57 63 104 105 106 107 111
還元炎（焼成）……31 33 41 70 76 126
貫入……21 46 58 59 122 142 146
菊練り……129
素地土……129
黄瀬戸……27 72 73 88 102
北大路魯山人……102 103 134
亀甲（文様）……43
木節粘土……64
急須……121 138 144
切高台……58 120
きれいさび……90 96
金彩……25 93 103 131 143 144 146

写真協力

A　今右衛門東京店（東京都港区南青山2-6-5／03-3401-3441）
B　銀座 黒田陶苑（東京都中央区銀座7-8-6／03-3571-3223）
C　銀座たくみ（東京都中央区銀座8-4-2／03-3571-2017）
D　京王百貨店新宿店（東京都新宿区西新宿1-1-4／03-3342-2111）
E　yûyûjin（東京都目黒区鷹番3-4-24／03-3794-1731）

暮らしのうつわ 花田（東京都千代田区九段南2-2-5／03-3262-0669）

＊器と作家の名前のあとに協力先やアルファベットの記載がないものは、
「暮らしのうつわ 花田」です（下記はのぞく）

● 写真所蔵・協力先

有田町観光協会　P.84、128
伊賀信楽古陶館　P.66
石川県九谷焼美術館　P.78、79、149
石川県立美術館　P.92
今右衛門　P.100
漆工房ぬしや　P.147
株式会社タカラトミー　P.134
河井寛次郎記念館　P.104、148
岐阜県陶磁資料館　P.74
京都府京都文化博物館　P.95
五条坂陶器まつり運営協議会　P.63
近藤穂波　P.48、53
佐賀県立九州陶磁文化館　P.98、99、101
信楽町観光協会　P.49、65
製陶ふくだ　P.48、82、83
瀬戸市　P.68、108、109、127
多治見市　P.88、89、110
陶芸メッセ・益子　P.133
常滑市観光協会　P.70
名古屋市博物館　P.91
日本民藝館　P.106
福岡市美術館　P.93、150
益子参考館　P.105
松井信義　P.52、112
魯山人寓居跡いろは草庵　P.103

参考文献

『あたらしい教科書11　民芸』（濱田琢司監修／プチグラパブリッシング）
『いまどき和の器』（高橋書店）
『うつわ』（白洲正子／旧白洲邸 武相荘）
『器つれづれ』（白洲正子、藤森武／世界文化社）
『NHK趣味入門　陶芸』（島岡達三／日本放送出版協会）
『NHK趣味悠々　骨董を楽しもう』（日本放送出版協会）
『九谷名品図録』（石川県立美術館）
『原色茶道大辞典』（井口海仙他監修／淡光社）
『古伊万里入門』（佐賀県立九州陶磁文化館監修／青幻舎）
『骨董の眼利きがえらぶ　ふだんづかいの器』（青柳恵介、芸術新潮編集部編／新潮社）
『産地別　すぐわかるやきものの見わけ方』（佐々木秀憲監修／東京美術）
『週刊やきものを楽しむ1　有田・伊万里焼』（中島誠之助、中島由美監修／小学館）
『旬の器』（瓢亭　高橋英一／淡光社）
『初心者のためのやきもの鑑賞入門』（谷晃監修／淡光社）
『次郎と正子　娘が語る素顔の白洲家』（牧山桂子／新潮社）
『新やきもの読本』（日本陶磁器卸商業協同組合青年部連合会）
『すぐわかる作家別やきものの見かた』（中ノ堂一信編／東京美術）
『太陽やきものシリーズ　唐津・萩』（平凡社）
『茶器とその扱い』（佐々木三味／淡光社）
『茶人手帳』（河原書店）
『茶碗の見方・求め方』（堀内宗心、黒田和哉監修／世界文化社）
『終の器選び』（黒田草臣／光文社）
『陶芸の技法』（田村耕一／雄山閣出版）
『「陶芸」の教科書』（矢部良明、入澤美時、小山耕一編／実業之日本社）
『陶磁器の世界』（吉岡康暢監修／山川出版社）
『陶磁大系第30巻　三島』（平凡社）
『陶磁の器』（同朋舎出版）
『日本史モノ事典』（平凡社）
『日本の陶磁4　美濃』（加藤卓男／保育社）
『日本の陶磁7　益子』（島岡達三／保育社）
『日本やきもの史』（矢部良明監修／美術出版社）
『別冊太陽　千利休　－「侘び」の創始者－』（平凡社）
『やきもの辞典』（光芸出版）
『やきもののある生活』（黒田草臣監修／小学館）
『やきものの世界』（江口滉／岩波書店）
『やきものの旅　備前焼』（幻冬舎）
『やきものの見方』（荒川正明／角川書店）
『やきものの見方ハンドブック』（仁木正格／池田書店）
『やきものを愉しむ』（実業之日本社）
「カーサブルータス」96号 今、買いたい器100（マガジンハウス）
「芸術新潮」2008年3月号 樂吉左衛門が語りつくす茶碗・茶室・茶の湯とは（新潮社）
「サライ」2003年1月23日号 そも、織部とは何か?　2003年6月19日号 北大路魯山人大全　2007年5月17日号「やきもの」を旅する（小学館）
「太陽」419号 続・やきものを買いに行く（平凡社）
「ディスカバー・ジャパン」第2号 うつわ大国、ニッポン。（枻出版社）
「ふでばこ」16号 九谷（DNPアートコミュニケーションズ）
「和樂」2008年6月号「白磁の器」を知る、使う（小学館）

＊以上の資料のほか、美術館、窯元、やきもの産地の陶磁器協会・組合、自治体などのパンフレットやホームページも参考にいたしました。ありがとうございました。

松井信義（まつい　のぶよし）

「暮らしのうつわ　花田」店主。1945年中国・瀋陽（旧奉天市）生まれ。満州から引き揚げ後、幼少期を母の郷里京都、父の郷里石川県七尾市で過ごす。早稲田大学政治経済学部を卒業したのち、会社勤めを経て米国に留学。70年に帰国、77年、東京九段上に器の専門店「暮らしのうつわ　花田」を開く。花田開店の1年後、白洲正子と出会い、多くの薫陶を受ける。現在にいたるまで、全国各地の200人以上におよぶ作家とともに、洗練されながら使いやすい、暮らしによりそった器をつくりだしている。

装幀　石川直美（カメガイ デザイン オフィス）
写真撮影　大江弘之　佐藤幸稔
本文イラスト　市川興一　押切令子
本文デザイン　八月朔日英子
校正　小村京子
編集協力　オフィス201　安原里佳
編集　鈴木恵美（幻冬舎）

知識ゼロからのやきもの入門

2009年7月25日　第1刷発行
2013年3月5日　第3刷発行

監　修　松井信義
発行人　見城　徹
編集人　福島広司

発行所　株式会社 幻冬舎
〒151-0051　東京都渋谷区千駄ヶ谷4-9-7
電話　03-5411-6211（編集）　03-5411-6222（営業）
振替　00120-8-767643
印刷・製本所　株式会社 光邦

検印廃止

ISBN978-4-344-90163-6 C2076
Printed in Japan
幻冬舎ホームページアドレス　http://www.gentosha.co.jp/
この本に関するご意見・ご感想をメールでお寄せいただく場合は、comment@gentosha.co.jpまで。